वैदिक प्रार्थनाएं

Vedic Prayers

✳ एक पृथ्वी, एक परिवार ✳

विश्व-शान्ति एवं सर्वमंगल हेतु

वैदिक प्रार्थनाएं

शशिप्रभा कुमार

DK®
PRINTWORLD
भारतीय परम्पराओं के प्रकाशक
नई दिल्ली

ISBN: 978-81-246-1211-8 (Hb)
First published in India in 2024

प्रकाशक
विवेकानन्द अन्तर्राष्ट्रीय फाउण्डेशन
3 सैन मार्टिन मार्ग, चाणक्यपुरी,
नई दिल्ली -110021
फोन: (011) 24121764, 24106698

एवं

डी॰के॰ प्रिण्टवर्ल्ड (प्रा॰) लि॰
भारतीय परम्पराओं के प्रकाशक
पंजीकृत कार्यालय: "वेदश्री", एफ-395, सुदर्शन पार्क
(मेट्रो स्टेशन: ई॰एस॰आइ॰ हॉस्पिटल), नई दिल्ली - 110015
फोन: (011) 4172 2626, 98713 94815
ई-मेल: indology@dkprintworld.com
वेब: www.dkprintworld.com

मुद्रक : डी॰के॰ प्रिण्टवर्ल्ड (प्रा॰) लि॰, नई दिल्ली

* One Earth, One Family *

Vedic Prayers
for
Global Peace and Universal Well-being

ShashiPrabha Kumar

DK PRINTWORLD®
Publishers of Indian Traditions

ISBN: 978-81-246-1211-8 (Hb)
First published in India in 2024

Published by:
Vivekananda International Foundation
3, San Martin Marg, Chanakyapuri,
New Delhi – 110021
Phones : (011) 24121764, 24106698

and

D.K. Printworld (P) Ltd.
Publishers of Indian Traditions
Regd. Office : "Vedaśrī", F-395, Sudarshan Park
ESI Hospital Metro Station, New Delhi – 110015
Phones : (011) 2545 3975, 2546 6019
e-mail : indology@dkprintworld.com
Web : www.dkprintworld.com

Printed by: D.K. Printworld (P) Ltd., New Delhi

सत्यमेव जयते

प्रधान मंत्री

Prime Minister

MESSAGE

It is a pleasure to learn about the publication of the book titled 'One Earth One Family - Vedic Prayers for Global Peace and Universal Well-being' under the aegis of Vivekananda International Foundation (VIF).

The title 'One Earth One Family', drawn from the idea of 'Vasudhaiva Kutumbakam' – or 'the whole world is one family', which is also the theme of G20, acquires an even greater relevance during the present times.

The collection of verses under the sub-themes of One Earth, One Family, peace, well-being, nature/environment, friendship/amity, education, feminine power and culture, as well as the translation of verses into Hindi and English will lead to a better understanding and appreciation of Vedic literature.

Today, the world looks towards India to provide solutions to various challenges. Our scriptures are replete with such references. The initiative to bring out this compilation containing the timeless wisdom of Vedas and inspiring messages for humanity is commendable. It will help in popularising and developing a deeper understanding of our culture and ethos, particularly among our youth. Such an endeavour will also help people across the world to learn more about our glorious culture and traditions.

The period of Amrit Kaal leading up to a century of independence is a defining era in the history of our nation. The spirit of 'Panch Praan', which includes the principle of celebrating our heritage, will take India to greater heights.

Heartiest congratulations and greetings to everyone at VIF and the author Prof. Shashiprabha Kumar, in particular, for taking our cultural traditions and heritage to a larger global audience.

May the publication be a resounding success.

(Narendra Modi)

New Delhi

श्रावण 26, शक संवत् 1945

17th August, 2023

॥ शान्ति मन्त्र ॥

द्यौः शान्तिरन्तरिक्षꣳशान्तिः पृथिवी शान्तिरापः शान्तिरोषधयः शान्तिः
वनस्पतयः शान्तिर्विश्वे देवाः शान्तिर्ब्रह्म शान्ति : सर्वꣳशान्तिः
शान्तिरेव शान्ति : सा मा शान्तिरेधि ॥ – यजुर्वेद 36.17

द्युलोक हम सबके लिए शान्तिदायक हों, अन्तरिक्ष शान्तिप्रद हो, पृथिवी शान्तिदायिनी हो, जल शान्ति देने वाले हों, सब औषधियाँ कल्याण देने वाली हों, वनस्पतियाँ शान्तिप्रद हों, सब दिव्य शक्तियाँ शान्तिदायक हों, सतत वर्धमान ज्ञान शान्तिप्रद हो और इनके अतिरिक्त अन्य सब पदार्थ भी हमें शान्ति देने वाले हों। शान्ति स्वयं सदा शान्तिदायक रहे और वही शान्ति मुझे भी प्राप्त हो।

May peace prevail everywhere

dyauḥ śāntirantarikṣam̐ śāntiḥ pṛthivī
śāntirāpaḥ śāntiroṣadhayaḥ śāntiḥ
vanaspatayaḥ śāntirviśve devāḥ śāntirbrahma
śāntiḥ sarvam̐ śāntiḥ śāntireva śāntiḥ
sā mā śāntiredhi ॥ – *YV* 36.17

May the sky be peaceful; may the mid-space be peaceful; may the earth be peaceful; may the waters be peaceful; may the annual plants be peaceful; may the forests be peaceful; may all the bounties of Nature be peaceful; may the evergrowing knowledge be peaceful; may all the things be peaceful; may there be peace and only peace; may such a peace come to me.

Contents

पुरोवाक्

G-20 की अध्यक्षता वर्ष 2022-23 में भारत के पास रहेगी। इसके प्रतीक-चिह्न (logo) का अनावरण करते हुए, प्रधानमन्त्री श्री नरेन्द्र मोदी ने कहा कि भारत की अध्यक्षता के दौरान G-20 की थीम "वसुधैव कुटुम्बकम्" होगी। यह कथन संस्कृत के प्राचीन ग्रन्थ *महोपनिषद्* से लिया गया है। "वसुधैव कुटुम्बकम्" मानव, पशु, वनस्पति जीवन और प्रकृति के बीच परस्पर सम्बन्ध को रेखाङ्कित करता है। भारत के पास G-20 की अध्यक्षता के दौरान दुनिया के लिए अपनी प्राचीन सोच को प्रदर्शित करने का अवसर है।

वर्तमान में दुनिया सङ्घर्ष से व्यथित, हिंसा से त्रस्त और विचलित है। 2022 में यूरोप के हृदयस्थल में रूसी-यूक्रेनी युद्ध के अचानक विस्फोट ने पूरी दुनिया को इस सदी के सबसे गम्भीर भू-राजनीतिक सङ्कट में जकड़ दिया है। इससे बीसवीं शताब्दी में हुए दो भीषण विश्व युद्धों की भयावह स्मृतियां विश्व के जनमानस में फिर से जीवित हो गई हैं, जिनमें लाखों लोग प्रत्यक्ष–अप्रत्यक्ष युद्धों में मारे गए थे। इसी वजह से विश्व के शीर्ष राजनीतिक नेता और विशेषज्ञ इक्कीसवीं सदी में एक नए वैश्विक सङ्घर्ष होने की सम्भावना के बारे में चेतावनियां देने लगे हैं। यह नया विश्व युद्ध (अगर हुआ तो) मानवता और इस पृथ्वी ग्रह को व्यापक रूप से तबाह और बर्बाद कर देगा।

हालांकि अस्थिरता का यह परिदृश्य कोई नया नहीं है, लेकिन मौजूदा समय में मानवता जलवायु परिवर्तन के दुष्प्रभावों, विनाशकारी हथियारों की होड़, स्वायत्त तकनीकों के दुष्परिणाम, गृह-युद्ध, महामारियों व आतङ्कवाद से अपने अस्तित्व पर प्रत्येक क्षण मण्डराते ख़तरों का सामना कर रही है। पिछली शताब्दी में हुए दो भीषण विश्व युद्धों के अतिरिक्त, और कई अन्य युद्ध एवं सङ्घर्ष भी समय-समय पर होते रहे, जिनमें लाखों लोग मारे गए। इसके अतिरिक्त, जब-तब आने वाली प्राकृतिक और मानव-निर्मित आपदाओं से भी जान-माल का व्यापक नुकसान हुआ है।

कोविड-19 महामारी ने मानव जाति की अत्यन्त दुर्बलता को बुरी तरह उजागर कर दिया। इस महामारी ने अब तक साठ लाख से अधिक लोगों को अपना ग्रास बना लिया है, और यह लगातार अपना रौद्र रूप दिखा रही है। महामारी, प्रकृति के प्रकोप और विभिन्न देशों के बीच परस्पर सन्देह तथा घृणा से उत्पन्न होने वाले

टकरावों से निपटने की मानवता की क्षमता पर प्रश्नचिह्न लग गए हैं। स्थिति इसलिए भी बदतर हो गई है, क्योंकि दुनिया के संसाधन सीमित हैं, जबकि जैव विविधता और पर्यावरण के सङ्कट इतने विकट हो गए हैं कि उनमें सुधार करना अब कठिन हो गया है। लाखों जीवों के प्रतिरूप लुप्त हो गए हैं और शेष विलुप्त होने के ख़तरे का सामना कर रहे हैं। यह बात स्पष्ट हो चुकी है कि महासागरों के विशाल क्षेत्रों में गम्भीर प्रदूषण के कारण सागरों में मछलियों की सङ्ख्या निरन्तर घट रही है।

यह जो हो रहा है, इसमें बहुत सारा दोष मानव का है। मानव जाति के स्वार्थ ने ही इस पृथ्वी ग्रह का जमकर दोहन–शोषण किया है। आज हमारे पास ढेर सारा ज्ञान है, लेकिन उसकी तुलना में विवेक-बुद्धि कम है। हमारे आधुनिक आर्थिक प्रतिमान संसाधनों के अथक दोहन पर ही आधारित हैं। अत्यधिक भौतिकवाद और लालच ने संयमित जीवन के मूल्य-बोध को बुरी तरह पछाड़ दिया है। पृथ्वी की भू-रासायनिक, भौतिक और जैविक प्रक्रियाओं ने मर्यादा की कठोर रेखा खींच दी है, जिसको लाँघने पर पृथ्वी पर जीवन के अस्तित्व पर ही ख़तरा उत्पन्न हो जाएगा। नवीनतम वैज्ञानिक अनुसन्धान हमें बताते हैं कि इनमें से कई क्षेत्रों में सीमाएं पहले ही पार की जा चुकी हैं और कुछ पर अतिक्रमण का ख़तरा आन पड़ा है। मनुष्य को प्रकृति के प्रति कुछ सम्मान दिखाना होगा और अपने स्वार्थ पर संयम रखना होगा। अन्यथा प्रकृति का भयङ्कर प्रकोप सहन करना होगा और अपने नाश को स्वयं ही निमन्त्रण देने जैसी स्थिति का सामना करना पड़ेगा।

गाँधी जी ने कहा था कि धरती पर हमारी आवश्यकताओं की पूर्ति के लिए पर्याप्त संसाधन हैं, लेकिन हमारे लालच के लिए कदापि नहीं हैं। लेकिन जिस गति से प्राकृतिक संसाधनों का दोहन–शोषण हो रहा है, उन्हें देखते हुए तो मानवता लम्बे समय तक जीवित नहीं रहेगी। हमें यह समझना होगा कि "टेक्नोलॉजी" मानव जाति के समक्ष आने वाली सारी समस्याओं का समग्र समाधान नहीं दे सकती। "टेक्नोलॉजी" तो एक दोधारी तलवार की तरह होती है। वह एक तरफ किसी समस्या का समाधान करती है तो दूसरी तरफ कठिनाई भी पैदा करती है।

"सस्टेनेबल" यानी समावेशी विकास मानव के अस्तित्व की अक्षुण्णता की कुञ्जी है। लेकिन जीवन जीने के लिए एक अधिक सन्तुलित एवं सम्यक् दृष्टिकोण की आवश्यकता होती है। यह सन्तुलन ही समता और स्थिरता लाएगा।

भारतीय सभ्यता हज़ारों वर्षों से जीवित रही है। वेदों और उनके बाद के साहित्य

ने इसी सन्तुलन और स्थायी जीवन-दर्शन एवं शैली अपनाने पर जोर दिया है। समावेशी जीवन जीने के लिए वेदों के वे आवश्यक सन्देश आज भी उपादेय हैं। इन्हें आधुनिक परिस्थितियों में पुनर्निर्मित और सन्दर्भित करने की आवश्यकता है।

चारों वेद (*ऋग्वेद*, *यजुर्वेद*, *सामवेद* और *अथर्ववेद*) संसार की किसी भी भाषा में लिखे जाने वाले साहित्यों में सबसे प्राचीन एवं सर्वप्रथम ग्रन्थ हैं, उन वेदों में अनेकानेक विषयों पर गहन चिन्तन किया गया हैं। उनके सन्देश शाश्वत हैं, अनन्त हैं, और वे आज भी मान्य हैं। उनमें शान्ति की सतत अभ्यर्थना प्रमुख है।

भौतिक उपलब्धि के लिए मानव जाति की निरन्तर चेष्टा, इसके लिए प्राकृतिक संसाधनों का सतत उपयोग करना, इसी के साथ पर्यावरण को भी संरक्षित–पोषित करते रहना, और जीवन के सभी रूपों के प्रति आदर-सम्मान का भाव रखना, वैदिक चिन्तन–मनन के आवश्यक अङ्ग हैं।

यही चारों वेद आगे चलकर भारतवर्ष में अनेक प्रकार के दार्शनिक ग्रन्थों के उपजीव्य बने। उपनिषदों ने वैदिक विचारधारा को और अधिक विकसित किया, उसे परिपुष्ट किया, तथा इसे अधिक व्यापकता एवं गहराई प्रदान की। कालान्तर में बहुत गहन एवं सारगर्भित टिप्पणियों का भी उद्भव हुआ। उपनिषदों में नए विचारों की उद्भावनाओं और उनके पल्लवन पर सम्यक् बल दिया गया और रूढ़ियों का परित्याग कर दिया गया।

भारतवर्ष की वही सनातनी वैदिक शिक्षाएं इस आधुनिक विश्व के लिए एक "नैरेटिव" के निर्माण के लिए नए-नए विचार प्रदान करती हैं। वे आधुनिक संसार की वेदना-व्यथा को कम करने, उनसे उबरने में मदद करती हैं। वैदिक शिक्षाएं सार्वभौमिक हैं और उनकी प्रासङ्गिकता प्रत्येक समय बनी रहती है। यद्यपि वे शिक्षाएं हिन्दू धर्म की मूल हैं, लेकिन वे बिल्कुल धर्मनिरपेक्ष हैं।

वैदिक ऋचाओं–स्तोत्रों का वर्तमान सङ्कलन–सङ्ग्रह पाठकों को मूल मानवीय आकाङ्क्षाओं–अभिलाषाओं से बखूबी परिचित कराता है। ये स्तवन प्रत्येक मनुष्य की सहज आस्पृहा यानि शान्ति के प्रति उसकी व्याकुलता को उजागर करते हैं। इन ऋचाओं–मन्त्रों को "एक पृथ्वी एक परिवार" "शान्ति", "स्वस्ति", "प्रकृति", "मैत्री", "शिक्षा", "स्त्री-शक्ति" और "संस्कृति" के अन्तर्गत विषयानुसार विभाजित किया गया है। यह उपक्रम पुस्तक की उपादेयता को और बढ़ा देता है।

वैदिक स्तवन विश्व में शान्ति कायम करने, अपने आसपास के साथ-साथ सभी दिशाओं में शान्ति बनाए रखने की मनुष्य की गहरी मूल सदिच्छा को अभिव्यक्ति प्रदान करते हैं। वे स्तवन प्रकृति के सभी तत्त्वों और सृष्टि के सभी प्राणियों लिए शान्ति का आह्वान करते हैं। वे परम दिव्य शक्तियों से शान्ति प्रदान करने की आतुर प्रार्थनाएं हैं। वैदिक मन्त्र या ऋचाएं जीवन के लिए महत्त्वपूर्ण सभी उत्पादक परिसम्पत्तियों हेतु शान्ति का आह्वान करती हैं। यही नहीं, इस काम्य शान्ति को पाने के लिए ऋचाओं में बौद्धिक प्रयासों की भी प्रार्थनाएं की गई हैं। इनमें कहा गया है कि हमारा चिन्तन और हमारा आचरण शान्तिपूर्ण होना चाहिए। यहाँ तक कि प्राकृतिक शक्तियों को भी शान्तिपूर्ण होना चाहिए।

इसी प्रकार से, वैदिक स्तवनों में प्रकृति के प्रति एक गहरा सम्मान दर्शाया गया है। प्रकृति की शक्ति और उसकी रौद्रता को भी पहचाना गया है। इसका मतलब यह नहीं कि प्राकृतिक संसाधनों का उपयोग नहीं किया जाना चाहिए, बल्कि यह कि उनका सन्तुलित रूप में इस्तेमाल करना चाहिए। अन्धाधुन्ध तरीके से उनका दोहन नहीं करना चाहिए। एक तरफ वसुन्धरा के उपहारों को पाने के लिए याचना की जाती है तो दूसरी ओर मानवीय इस्तेमाल से पृथ्वी के जीवनदायी अवयवों पर खरोंच लगने या चोट पहुँचने के कारण क्षमा भी माँगी जाती है। इस तरह का चिन्तन आधुनिक युग के लिए सर्वथा उल्टा है, जिसके लिए यह धरा संसाधनों का सिर्फ एक स्रोत मात्र है।

वैदिक शिक्षाएं कहीं से भी सङ्कीर्ण या सङ्कुचित दायरे में घिरी नहीं हैं। समस्त सृष्टि, जिसमें मनुष्य और समस्त जैव-विविधता शामिल है, वह एक मानी गई है। इसमें पूरी दुनिया एक परिवार की तरह दिखती है। इसमें विविधता का आदर-सम्मान किया जाता है।

भारत अपने अभ्युदय के लिए और दुनिया के लिए एक "नैरेटिव" बनने की कोशिश कर रहा है। भारत का अभ्युत्थान वैश्विक उत्कर्ष की दिशा में सक्षम होना चाहिए। "वसुधैव कुटुम्बकम्" भारतीय विदेश नीति का आदर्श वाक्य है, तो "सत्यमेव जयते" उसका मार्गदर्शक सिद्धान्त है।

वर्तमान काल की अन्तर्राष्ट्रीय राजनीति बलप्रयोग, असीम प्रतिस्पर्धा और "सर्वाइवल ऑफ़ दि फिटेस्ट" के सिद्धान्त पर चलती है। इस दृष्टि से मौजूदा दुनिया एक घोर अराजक जगह बन गई है, जहाँ कोई देश केवल स्वयं की सहायता करता

है। ऐसी दुनिया में नैतिकता और सदाचार के लिए कोई जगह नहीं है। यही वर्तमान विश्व की समस्याओं का प्रमुख कारण है।

"शान्ति" शब्द लैटिन शब्द "पैक्स" (*pax*) से बना है, जिसका अर्थ है समझौता। किसी भी जारी युद्ध या सङ्घर्ष को समाप्त करने के लिए किया जाने वाला एक समझौता। शान्ति को अक्सर युद्ध या सङ्घर्ष की अनुपस्थिति के रूप में देखा जाता है। परन्तु, ऐसा करना शान्ति को एक नकारात्मक रूप में परिभाषित करना है, और इसलिए यह परिभाषा अधूरी व अपर्याप्त है। वास्तव में, शान्ति की परिभाषा इससे कहीं अधिक सकारात्मक और व्यापक है, जिसमें मानव जाति के सामञ्जस्यपूर्ण जीवन, उसकी स्वतन्त्रता, परस्पर मित्रता और इसी तरह की अनेक वृहत्तर अवधारणाएं शामिल हैं।

शान्ति की "आन्तरिक" और "बाह्य" अवधारणा भी है। आन्तरिक शान्ति किसी व्यक्ति की मानसिक स्थिति को सन्दर्भित करती है। पूर्व के धर्मों ने आन्तरिक शान्ति की अवधारणा पर जोर दिया है, जो कि मन की एक अवस्था है। योग, ध्यान और प्रार्थना, मानव-सेवा, अच्छे कर्म, उदारता, क्षमा और दान मनुष्य को आन्तरिक शान्ति प्रदान करते हैं। यह आन्तरिक शान्ति ही परिवार में, समाज में, देशों में और दर-दुनिया में सुख-शान्ति और प्रगति का मूलाधार है।

शान्ति के लिए कामना करना युद्ध का निषेध नहीं है। युद्ध तब होता है जब शान्ति के सारे प्रयास विफल हो जाते हैं। लेकिन युद्ध होने से पहले सङ्घर्ष को रोकने और उसका हल निकालने की आवश्यकता है। कई सभ्यताएं और धर्म सदाचार तथा नैतिकता पर बल देते हैं। एक बार जब हम शान्ति और सहयोग की आवश्यकता को प्राथमिकता देते हैं, तो टकराव का दृष्टिकोण सहयोग में बदल जाता है।

शान्ति और उसको कायम करने के प्रयत्नों की व्याख्या अधिकतर पश्चिमी दृष्टि से की गई है। पश्चिमी समाजों में हिंसा चरम पर पहुँच गई है। शान्ति यूरोपीय समाजों में अपेक्षाकृत अधिक समय तक अनुपस्थित रही है। पश्चिमी विश्लेषक अधिकतर यह बात करते हैं कि शान्ति को स्थापित करने के लिए युद्ध करना जरूरी है। दरअसल, इसकी वजह पश्चिमी चिन्तन पर यथार्थवाद के सिद्धान्त का पूरी तरह से हावी होना है। युद्ध से बचने के लिए युद्ध करना शान्ति स्थापित करने की एक पश्चिमी सोच है। इसलिए, यह आश्चर्यजनक नहीं है कि पश्चिमी समाजों में पश्चिम के "महान" और "सार्वभौमिक" विचारों के नाम पर अब तक लाखों लोग मार दिए गए हैं।

संयुक्त राष्ट्र के सिद्धान्त शान्ति बनाए रखने की मानव जाति की इच्छा को प्रतिबिम्बित करते हैं। पिछली शताब्दी में हुए दो विनाशकारी विश्व युद्धों के भयानक अनुभवों ने मानवता को आचार–व्यवहार में कुछ मानदण्डों के पालन करने की आवश्यकता पर बल दिया है। इसलिए अन्तर्राष्ट्रीय सम्बन्धों में एक निश्चित आचार संहिता का पालन करने और नियम-आधारित व्यवस्था स्थापित करने की आवश्यकता सर्वोपरि है।

लेकिन इन नियमों को एकतरफ़ा नहीं बनाया जा सकता, न ही उन्हें एकतरफ़ा रूप से थोपा जा सकता है। उन्हें शान्ति और सद्भाव को स्थापित करने के दृष्टिकोण से बनाए जाने की आवश्यकता है। विविधताओं का सम्मान करने और परस्पर सद्भाव बनाने की आवश्यकता है।

वैदिक शिक्षाओं की विशेषज्ञ प्रो॰ शशिप्रभा कुमार ने इस महत्त्वपूर्ण सङ्ग्रह में वैदिक ऋचाओं–स्तवनों को बड़ी सूझ-बूझ से चयनित–सङ्कलित किया है और उन्हें अनूदित किया है। वे वर्तमान में विवेकानन्द अन्तर्राष्ट्रीय फाउण्डेशन (वी॰आइ॰एफ॰) में एक प्रतिष्ठित फेलो हैं तथा भारतीय उच्च अध्ययन संस्थान, शिमला की अध्यक्षा हैं। इसके पहले, वे साँची बौद्ध-भारतीय अध्ययन विश्वविद्यालय की संस्थापक कुलपति, और जवाहरलाल नेहरू विश्वविद्यालय में संस्कृत अध्ययन के विशेष केन्द्र की अध्यक्षा रहीं । वे भारतीय दर्शन में निष्णात संस्कृत की सम्मानित विद्वान् हैं। वैदिक स्तवन–ऋचाओं के पुस्तकाकार सङ्कलन का विचार कोविड-19 के दौरान वी॰आइ॰एफ॰ में भारतीय दर्शन पर आयोजित ऑनलाइन व्याख्यानों में उभरा था; ये व्याख्यान प्रो॰ शशिप्रभा ने दिए थे। अपने उस विचार को पुस्तक का आकार–स्वरूप देने के इस महत्त्वपूर्ण प्रयास के लिए मैं उनका आभारी हूँ।

वैदिक प्रार्थनाओं का यह प्रतिनिधि सङ्कलन शान्ति के लिए सार्वभौमिक कामना को सशक्त करने में सहायक होगा। यह पुस्तक शान्ति और सद्भाव के मूल विचारों को प्रकट करने का प्रयास करती है, जो वर्तमान समय में मानवता पर मण्डराते अस्तित्वगत ख़तरों के सन्दर्भ में अधिक मान्य हो रहे हैं। हम आशा करते हैं कि वैदिक ऋचाएं, जो *शान्ति* और *स्वस्ति* के उदात्त विचारों पर बल देती हैं , वे आज के अन्तर्राष्ट्रीय संवाद, जो कि अराजकता (anarchy) और स्वसहायता (self-help) पर आधारित हैं, को समृद्ध करेंगी तथा स्वास्थ्य, सद्भावना एवं सङ्गति हेतु सामाजिक संवाद को सफल बनाएंगी।

"वसुधैव कुटुम्बकम्", अर्थात् वैश्विक शान्ति और कल्याण, की धारणा भारतीय सोच में प्राचीन काल से चली आ रही है। भारत के पास मौका है कि वह "एक पृथ्वी, एक परिवार, एक भविष्य" की अपनी सभ्यता की सोच को बाकी दुनिया के सामने पेश करे।

प्रस्तुत पुस्तक यह बताने का प्रयास करती है कि वैदिक शिक्षाएं आज की कठिनाइयों–परेशानियों से मानव समाज को बाहर निकलने का एक मार्ग प्रदान करती हैं। यह बताती है कि प्रकृति के लिए सम्मान व सन्तुलित जीवन के लिए निरन्तर प्रयास हमारे व पृथ्वी के अस्तित्व को बनाए रखने के लिए अत्यावश्यक हैं। वैसे तो यह पुस्तक सामान्य पाठकों के लिए लिखी गई है, लेकिन यह राजनीतिक नेताओं और रणनीतिक मामलों के विशेषज्ञों व विद्यार्थियों के लिए भी उतनी ही उपयोगी है। निश्चय ही, यह पुस्तक शान्ति, सहयोग और विकास के समर्थकों को बल प्रदान करेगी।

नई दिल्ली
नवम्बर 2022

अरविन्द गुप्ता
निदेशक
विवेकानन्द अन्तर्राष्ट्रीय फाउण्डेशन

Foreword

UNVEILING its logo, Prime Minister Shri Narendra Modi said that the overarching theme of India's G-20 presidency in 2022-23 will be *vasudhaiva kuṭumbakam*, a verse from the ancient Sanskrit text of *Mahā Upaniṣad. Vasudhaiva kuṭumbakam* underlines the interconnectness between human, animal, plant life and nature. India has an opportunity to showcase its ancient thinking for the world during its G-20 presidency.

The world is conflict-ridden, violent and unstable. The sudden eruption of Russian–Ukrainian War at the heart of Europe in 2022 plunged the world into this century's most serious geopolitical crisis yet. The memories of the two world wars in the twentieth century in which hundreds of millions of people were killed in direct and indirect combat were revived. Top political leaders and experts have begun to warn about the possibility of a global conflict in the twenty-first century. A new world war would destroy humanity and the planet comprehensively.

Instability is not new but currently the humanity faces an existential threat from climate change, an arms race, autonomous technologies, civil wars, pandemics and terrorism. The last century saw two world wars and numerous other wars and conflicts in which millions of people perished. In addition, there have been natural and man-made disasters.

The Covid-19 pandemic exposed the extreme vulnerabilities of the humankind. The pandemic has claimed over six million lives and continues to rage. The ability of the humanity to deal with pandemics, nature's fury and conflicts arising out of mutual suspicion and hatred is questionable. The situation has become worse given that the world's resources are limited, biodiversity and the environment have been damaged irretrievably in many cases. Millions of life forms have disappeared and the remaining are facing the danger of extinction. Vast areas of the oceans have been declared as no fish can survive there due to excessive marine pollution.

A lot of what has happened has to be blamed on humans. The self-interest of the human race has led to overexploitation of the planet. There is a lot of knowledge but relatively little wisdom. Modern economic models are based on the relentless exploitation of resources. Crass materialism and greed have overtaken restrained living. The earth's geochemical, physical and biological processes put strict boundaries that, if crossed, would threaten the very existence of the life on earth. The latest scientific research tells us that many of these boundaries have already been crossed and some are in danger of being transgressed. Man has to show some respect to nature and restrain his selfish urges. The alternative is to face nature's furry and become extinct.

As Gandhi Ji said, there is enough on planet earth for our needs but not for greed. At this rate of exploitation of resources, humanity will not survive long. Technology cannot offer a complete solution to mankind's problems. Technology is a double-edged sword. It can give solutions but also create problems.

Sustainable development is the key to survival. One requires a more balanced approach to living. The balance will bring equilibrium and sustainability.

The Indian civilization has survived for thousands of years. The Vedas and the subsequent literature have emphasized balanced and sustainable living.

The essential message of the Vedas – that of sustainable living – is valid today. It needs to be restated and contextualized to modern conditions.

The four Vedas, the earliest scriptures anywhere, available in written form, deal with many issues, which are eternal and remain valid today. The yearning for peace is foremost among them.

Pursuing material gains, sustainable use of resources, preservation of the environment and respect for all forms of life is essential to Vedic thinking.

The Vedas led to the emergence of a rich variety of philosophical texts. The Upaniṣads developed the Vedic thought further and deepened it. Profoundly insightful commentaries were written. New ideas were encouraged. Dogma was shunned.

Vedic teachings offer ideas for the construction of a narrative for the modern world. They help to ease the pain of the modern world. Vedic teachings are universal and retain their relevance for all times. Although they form the core of Hinduism, they are quite secular.

The present collection of Vedic hymns introduces the reader to the basic human yearning – the yearning for peace. The hymns have been divided thematically under "one earth one family" "peace", "well-being", "nature", "friendship", "education", "feminine power" and " culture".

The Vedic hymns express the human beings' deep desire for peace in the world, peace around oneself and peace in all directions. One invokes peace from all the elements of nature and for all the creations and prays to the divine powers to shower peace. Peace is invoked for all the productive assets that are vital for life. There is also the prayer for intellectual pursuits for peace. All our acts, our thinking, our behaviour be peaceful. Nature's forces should be peaceful.

Similarly, there is an inherent respect for nature. The power and the fury of nature are recognized and feared. Natural resources are to be used but never to be overexploited. The earth's bounties are asked for but forgiveness is also sought for using and hurting the earth's vitals. This kind of thinking is in total contrast to the modern thinking.

The Vedic teachings are not narrow or parochial. The whole creation, which includes the humans and the entire biodiversity, is treated as one. The whole world is seen as a family. Diversity is respected.

India is trying to create a narrative for its own rise and the world. India's rise should be a force for global good. *Vasudhaiva kuṭumbakam* is the motto of Indian foreign policy. *Satyameva jayate* is the guiding principle.

International politics is governed above all by the game of power, competition and survival of the fittest. The world is seen as an anarchic place where self-help is the only help that matters. It has no place for ethics and morality. That is the key reason for the present-day problems in the world.

The word "peace" is derived from the Latin word *pax* which means agreement. An agreement to end the war or conflict. Peace is often seen as the absence of war or conflict. That is a negative definition of peace and highly inadequate. More positive and broader definitions of peace include notions of harmonious living, tranquillity, freedom, friendship and so on.

Then there is the concept of "internal" and "external" peace. Internal peace refers to the psychological condition of a person.

The Eastern religions have emphasized the concept of inner peace, which is a condition of mind. *Yoga*, meditation and prayer, good deeds, generosity, forgiveness and charity are said to bring inner peace. Inner peace is the foundation for peace in families, societies, nations and the world.

Yearning for peace is not a negation of war. Wars happen when everything else fails. But conflicts need to be prevented and resolved before wars happen.

Many civilizations and religions emphasize ethics and morality in our lives. Yet, narrow interpretations of their teachings lead to irreconcilable attitudes, intolerance and rigid ideologies. Once we prioritize the need for peace and cooperation, the outlook of confrontation changes to that of cooperation.

The story of peace and the efforts for peace-making has been written mostly from the Western perspective. Violence has been endemic in Western societies. Relatively longer periods of peace have been absent in European societies. Western discourse on peace is mostly about waging wars to enforce peace. The theory of realism dominated Western thinking. Waging wars to avoid wars seems to have been the Western method of bringing peace. Therefore, it is not surprising that hundreds of millions of people have been killed in the Western societies in the name of Western "noble" and "universal" ideas.

The principles of the UN Charter reflect the common desire of mankind to preserve peace. The experience of the two destructive world wars in the last century emphasized the need for humanity to follow certain norms of behaviour. The need to follow a certain code of conduct in international relations and establish a rules-based order is paramount.

But these rules cannot be formed and imposed unilaterally. They need to address the common yearning of human beings for peace and harmony. Diversity needs to be respected and yet certain harmony needs to be created.

Professor ShashiPrabha Kumar, an expert on Vedic teachings compiled and translated this collection of Vedic hymns. Presently a Distinguished Fellow at the VIF, she is the Chairperson, Indian Institute of Advanced Study, Simla. Earlier, she was the founder Vice-Chancellor of the Sanchi University of Buddhist-Indic Studies and Chairperson of the Special Centre for Sanskrit Studies, Jawaharlal Nehru University. She is an acclaimed Sanskrit scholar, well versed in Indian philosophy. The idea for the compilation of the book emerged during the course of online lectures on Indian philosophy, she delivered at the VIF during the Covid years. I am grateful to her for her effort.

The representative collection of Vedic prayers presented in this book would help enforce the universal craving for peace. The book seeks to highlight the core idea of peace and harmony, which are now becoming more acceptable in the light of existential threats that humanity faces today. We hope that the ideas of *śānti* and *svasti* that the Vedic hymns expound will inform the international discourse on war and peace and the societal discourse on health, wellbeing and harmony.

The notion of *vasudhaiva kuṭumbakam* (global peace and welfare) runs through Indian thinking from ancient time. India has the opportunity to present its civilization thinking of "One earth, One family, One future" to the rest of the world.

This book is intended to convey that the Vedic teachings offer a way out from the troubles of today. Healthy respect for nature and balanced living free from greed is a must for our survival and the survival of the planet. The book is meant for the general reader. But it also should be useful to the political leaders and strategic affairs experts. The book should help create and strengthen the constituency for peace, cooperation and development.

New Delhi
November 2022

Arvind Gupta
Director
Vivekananda International Foundation

प्राक्कथन

वेद भारतीय ज्ञानपरम्परा के प्राचीनतम स्रोत हैं। वेदों में सन्निहित उदात्त सन्देश केवल भारतीयों के लिए ही नहीं, अपितु समग्र मानवता के लिए आज भी सर्वथा प्रासङ्गिक एवं उपादेय हैं। इसीलिए प्रस्तुत पुस्तिका में ऐसी वैदिक प्रार्थनाओं को सङ्कलित किया गया है जिनमें समस्त विश्व के सभी प्राणियों के लिए शान्ति एवं सौहार्द की कामना की गई है। उल्लेखनीय है कि वेदों में कहीं भी वर्गभेद, जातिभेद या लिङ्गभेद के आधार पर विद्वेष-वैमनस्य की भावना लेशमात्र भी दृष्टिगत नहीं होती। यही नहीं, शान्ति एवं विश्वबन्धुत्व की जैसी पुनीत परिकल्पना वेदों में की गई है वह अन्यत्र दुर्लभ है। वेदों का उद्घोष है कि पृथ्वी हमारी माता है, इसलिए इस पर निवास करने वाले हम सब एक परिवार के सदस्य हैं।

यही कारण है कि विवेकानन्द अन्तर्राष्ट्रीय प्रतिष्ठान, नई दिल्ली के तत्त्वाधान में दिए गए मेरे ऑनलाइन व्याख्यानों को सुनकर माननीय निदेशक श्री अरविन्द गुप्ता जी ने यह अमूल्य सुझाव दिया कि वेदों से सार्वभौम प्रभाव वाली कतिपय ऐसी प्रार्थनाओं को चुना जाए जो वर्तमान काल में भी उपयोगी हों, हिन्दी–अंग्रेज़ी अनुवाद सहित इन प्रार्थनाओं का प्रकाशन प्रतिष्ठान द्वारा कराया जाएगा।

तदनुसार डॉ० अरविन्द गुप्ता के आदेश पर मैंने विगत दो वर्षों में यह कार्य सम्पन्न करने का यथाशक्ति प्रयास किया है। सर्वप्रथम मैंने चारों वेदों के मन्त्रों का आद्योपान्त पारायण कर उसमें से यथोचित प्रार्थना-मन्त्रों को चिह्नित किया, तदुपरान्त उनका हिन्दी एवं अंग्रेज़ी में रूपान्तरण किया। इस विषय में डॉ० गुप्ता का निर्देश था कि अनुवाद मात्र शाब्दिक न हो, अपितु आधुनिक जीवन के साथ उस मन्त्र में व्यक्त भाव की सङ्गति स्थापित हो सके। अतः इस बात को ध्यान में रखते हुए मैंने चयनित मन्त्रों का भावार्थ किया तथा उन्हीं के सुझाव पर इन प्रार्थनाओं को निम्न खण्डों[1] में विभाजित किया –

- एक पृथ्वी, एक परिवार
- शान्ति
- स्वस्ति
- मैत्री/सौहार्द

[1] इन सभी शीर्षकों का सङ्क्षिप्त विवरण यथास्थल दिया गया है।

- प्रकृति/पर्यावरण
- संस्कृति
- शिक्षा
- स्त्री-शक्ति

वैदिक मन्त्रों में अनेकशः पृथ्वी को माता, आकाश को पिता एवं अन्य प्राकृतिक तत्त्वों को बन्धुजन कहा गया है। इससे स्पष्ट सङ्केतित होता है कि प्राचीन भारतीय दृष्टि में **एक पृथ्वी, एक परिवार**[2] की परिकल्पना अन्तर्निहित थी।

इसमें सन्देह नहीं कि आज के हिंसाग्रस्त जगत् को **"शान्ति"** की जितनी अपेक्षा है, उतनी शायद पहले कभी नहीं थी। आज समस्त मानवता क्रोध[3] एवं विरोध की आक्रामक आँधी से सन्त्रस्त होकर महामारी एवं महायुद्ध की विभीषिकाएं झेलने को विवश है। पिण्ड से ब्रह्माण्ड पर्यन्त प्रत्येक जीव आज व्याकुल है तथा मनुष्य की इस विकृत मानसिकता के परिणामस्वरूप प्राकृतिक जगत् भी अपनी सहज समरसता यानि **"स्वस्ति"** भावना को खोकर भयङ्कर आपदाओं का स्रोत बन रहा है। "मैत्री/सौहार्द" "सहयोग", "सन्तुलन" एवं "समन्वय" जैसे सनातन सकारात्मक मूल्य विलुप्त होते जा रहे हैं।

वैदिक प्रार्थनाओं में दृश्य एवं अदृश्य, स्थूल एवं सूक्ष्म तथा पिण्ड एवं ब्रह्माण्ड के मध्य एक सहज सङ्गति मानी गई है। यही कारण है कि वेदमन्त्रों में मनुष्यों एवं प्रकृति के बीच एक आत्मीयता भरा भावात्मक सम्बन्ध दिखाई देता है। वस्तुतः विश्व के इन दोनों घटकों – अन्तःप्रकृति एवं बाह्य प्रकृति – में अन्तर्निहित एकसूत्रता यही सन्देश देती है कि ये दोनों एक ही डोर के दो छोर हैं। इसलिए वैदिक चिन्तन की यह विलक्षण मान्यता है कि **प्रकृति/पर्यावरण**[4] कोई पृथक् तत्त्व नहीं, अपितु अखण्ड अस्तित्व का एक अभिन्न आयाम है।

---

[2] कुछ दिवस पूर्व ही जी-20 का अध्यक्ष घोषित होने के पश्चात् भारत ने अपना निम्न उद्घोष-वाक्य स्वीकार किया है – एक पृथ्वी, एक परिवार, एक भविष्य।

[3] एक रिपोर्ट के अनुसार वर्ष 2020 में यह विश्व पिछले पन्द्रह वर्षों की तुलना में अधिक दुखी, क्रोधी, चिन्तित एवं तनावग्रस्त रहा। – गैलप वार्षिक रिपोर्ट 2020

[4] वैदिक विचारधारा का यही पक्ष भारत के वर्तमान प्रधानमन्त्री श्री नरेन्द्र मोदी द्वारा 5 जून 2022 को प्रवर्तित *पर्यावरण-अनुकूल जीवनशैली* – वैश्विक आन्दोलन के रूप में मुखरित हुआ है।

"संस्कृति" के इन सकारात्मक मूल्यों में सर्वप्राचीनता, मानवतावाद, विश्वमङ्गल, सर्वभूतहित तथा आत्मैक्य आदि सन्निविष्ट हैं। वैदिक विधान इन्हीं सनातन आदर्शों को जीवन में उतारने की **"शिक्षा"** देता है अतः अनेक वैदिक मन्त्रों में इस प्रकार के सङ्केत मिलते हैं कि हमारा आचार पवित्र हो, विचार शुद्ध हों और हम सत्पथ के अनुगामी बनें।

इसके अतिरिक्त वैदिक संस्कृति में **"स्त्री-शक्ति"** की महिमा अत्यन्त गौरवपूर्ण ढङ्ग से चित्रित की गई है, तद्यथा –

यस्यां भूतं समभवद्यस्यां विश्वमिदं जगत्।
तामद्य गाथां गास्यामि या स्त्रीणामुत्तमं यशः॥ – *पारस्कर गृह्यसूत्र* 1.7.2

जिसमें सब प्राणियों ने जन्म पाया, जिस पर सारा जगत् आश्रित है, जो सबकी जननी है, वह नारी जिस उत्तम यश की अधिकारिणी है, उस यशोगाथा को आज मैं गाने चला हूँ।

इस प्रकार उक्त आठ शीर्षकों के अन्तर्गत वैदिक मन्त्रों में समाविष्ट भद्र भावनाओं का स्थालीपुलाक न्याय से दिग्दर्शन कराने का स्वल्प प्रयास इस लघु पुस्तिका के माध्यम से किया गया है। अन्यथा, वेदरूपी ज्ञान अनन्त है और वेदार्थ की भी कोई सीमा नहीं –

अनन्ता वै वेदा। – *तै०ब्रा०* 3.10.11

अन्ततः यह निवेदन करना अनिवार्य है कि प्रस्तुत प्रकाशन केवल वेद में आस्था रखने वाले आरम्भिक पाठकों के लिए है, गम्भीर वेद-विद्वानों के लिए इसमें कोई दुर्लभ एवं महत्त्वपूर्ण सामग्री नहीं मिलेगी।

"वेद" शब्द का वाच्यार्थ ही "ज्ञान" है, किन्तु इस ज्ञान की विशेषता यह है कि यह अपौरुषेय है। इसीलिए यह ज्ञान नित्य भी है और समग्र भी, क्योंकि इसमें व्यक्तिगत सीमाएं नहीं हैं। हजारों वर्षों से भारतीय जनमानस "वेद" के रूप में सार्वभौम एवं सार्वकालिक ज्ञान को परम प्रमाण मानता चला आ रहा है। अतः यह जिज्ञासा होनी स्वाभाविक है कि आखिर ऐसा क्या है वेद में?

इसी जिज्ञासा के समाधान हेतु प्रस्तुत पुस्तिका अवलोकनीय है। संसार के सभी जीवों एवं तत्त्वों में सहज समानता और दिव्यता का दर्शन तथा सबके लिए शुभ, मङ्गल एवं स्वस्ति की कामना वर्तमान काल में उद्विग्न मानवता को शान्ति एवं

विश्रान्ति दे सकती है। ऐसे भव्य भावों से भरे वेदमन्त्रों का सरल एव प्रभावशाली सन्देश भाषाशास्त्रीय एवं छन्दःशास्त्रीय विलक्षणता को जाने बिना भी सहसा प्रभावित करता है। तद्यथा –

- मनुष्यों में परस्पर सौहार्द हो।
- प्राणियों में परस्पर सद्भाव हो।
- पृथिवी, जल, तेज (अग्नि), वायु एवं आकाश शान्तिपूर्वक प्रसृत हों।
- स्त्री एवं पुरुष सर्वथा समकक्ष हैं, उन दोनों में परस्पर स्नेह-सम्बन्ध हो।
- सब वस्तुओं के प्रति हमारी मैत्रीपूर्ण दृष्टि हो।
- हम सतत उत्कर्षशील हों क्योंकि मानव का स्वभाव है – उत् से उत्तर एवं उत्तम की ओर अग्रसर रहना।
- हम सदा परस्पर मिल-बाँटकर खाएं।
- अन्तःप्रकृति एवं बाह्य-प्रकृति में सामञ्जस्य हो।
- हम सब सदा प्रसन्नतापूर्वक रहें।

वेद के पद्यों को "मन्त्र" कहा जाता है क्योंकि वे साधारण शब्द नहीं हैं, अपितु मननपूर्वक उच्चारित हुए हैं, इसीलिए इनके उच्चारण मात्र से सकारात्मक ध्वनि-तरङ्गें निःसृत होती हैं। प्रत्येक मन्त्र का एक केन्द्रीय भाव होता है, जिसे स्पष्ट करने के लिए इस पुस्तिका में सङ्कलित सभी मन्त्रों के ऊपर पृथक्-पृथक् शीर्षक दिए गए हैं। इससे पाठकों को अवश्य ही सुविधा होगी।

प्रस्तुत पुस्तिका का क्रमविन्यास निम्नानुसार है –

- वेदमन्त्र का विषय/शीर्षक – नागरी लिपि में
- मूल वेदमन्त्र – नागरी लिपि में
- वेदमन्त्र का हिन्दी अनुवाद – नागरी लिपि में
- वेदमन्त्र का विषय/शीर्षक – रोमन लिपि में
- मूल वेदमन्त्र – रोमन लिपि में
- वेदमन्त्र का अंग्रेज़ी अनुवाद – रोमन लिपि में
- पादटिप्पणी – यथास्थल अपेक्षित होने पर

पुस्तक में सङ्कलित वेदमन्त्रों के क्रमशः हिन्दी एवं अंग्रेज़ी अनुवाद के विषय में निवेदन है कि –

(क) हिन्दी अनुवाद हेतु सातवलेकर के *सुबोध भाष्य* के अतिरिक्त विद्यानन्द विदेह के *वेदालोक* (भाग एक एवं दो) को आधार बनाया गया है, किन्तु जहाँ कहीं आवश्यक लगा, वहाँ स्वतन्त्र अनुवाद भी किया गया है। मुख्य उद्देश्य मन्त्र के मूलभाव को स्पष्ट करना एवं आधुनिक पाठक के लिए उसे ग्राह्य बनाना रहा है। अतः इसे भावानुवाद समझना ही उचित होगा।

(ख) अंग्रेज़ी अनुवाद के लिए अधिकांशतः स्वामी सत्यप्रकाश सरस्वती एवं सहयोगियों द्वारा डी॰ए॰वी॰ संस्थान से प्रकाशित वेद-खण्डों का आश्रय लिया गया है, किन्तु उसमें कोई अनिवार्य बन्धन नहीं माना गया। यथास्थल मन्त्रार्थ की सहज अभिव्यक्ति के लिए स्वतन्त्र अनुवाद भी किया गया है।

यह लघु पुस्तिका जिस वर्ग को ध्यान में रखकर तैयार की गई है, उनमें से अधिकांश का वेद एवं वैदिक वाङ्मय से परिचय या तो स्वल्प ही होगा, या नगण्य। अतः यह उचित समझा गया कि इसकी भूमिका के रूप में वैदिक वाङ्मय का सामान्य परिचय दे दिया जाए। तदनुसार ग्रन्थ के आरम्भिक पृष्ठों में इस विषय का सङ्क्षेप में समावेश कर दिया गया है। इस सङ्क्षिप्त परिचय के आधार पर यह समझा जा सकता है कि वैदिक वाङ्मय कितना विशाल है एवं परवर्ती भारतीय चिन्तन पर इसका प्रभाव कितना व्यापक रहा है। दुर्भाग्य का विषय है कि आज अधिसङ्ख्य भारतीयों को भी अपनी इस अमूल्य ज्ञान राशि का बोध नहीं है। अतः न केवल उनमें इसके प्रति रुचि जाग्रत करना, अपितु इसके विश्वव्यापी दृष्टिकोण को रेखाङ्कित करना भी ग्रन्थकर्त्री का उद्देश्य है।

तदनुसार यथासम्भव इस पुस्तिका की उपादेयता को ध्यान में रखकर इसे सर्वथा समीचीन प्रारूप में प्रस्तुत करने का प्रयास किया गया है। तथापि प्रत्येक मानवीय प्रयास में त्रुटियाँ होनी स्वाभाविक हैं। सुधी पाठकों से निवेदन है कि इस पुस्तिका में जो भी विशेष है, वह वेद-ज्ञान की अशेष विलक्षणता है और जो भी सामान्य है, वह मेरी मति की मर्यादा है – यही समझकर इसका अध्ययन-विवेचन करें।

1 नवम्बर 2022 **शशिप्रभा कुमार**

अभ्युदय
295, सेक्टर 15-A
नोएडा (उत्तर प्रदेश)

Preface

VEDAS are the most ancient source of Indian knowledge tradition. The profound message envisioned in the Vedas is not only relevant for Indians but also beneficial for the whole humanity. It is therefore, that such select Vedic prayers have been compiled in this book which solicit peace and welfare for all beings in the world. It is worth mentioning that the auspicious aspirations for global peace and universal friendship as expressed in Vedic prayers, are rarely to be found elsewhere. Besides, no negative emotions such as hatred and aversion arising due to sectarian, caste or gender-based differences are available therein. Vedas proclaim that the earth is our mother and so all of us, its inhabitants, are one family.

Dr Arvind Gupta, Director, Vivekananda International Foundation (VIF), New Delhi, after listening to one of my online lectures, suggested that I should select a good number of such prayers from the Vedas which are relevant to the modern world and translate them in Hindi and English in a manner which might appeal to the contemporary society. He also announced that VIF would be glad to publish the volume.

Accordingly, I started working on his suggestion and tried my best to complete the task assigned to me during the last two years. First of all, I read through all the *mantra*s of four Vedas and marked the appropriate ones, then prepared a translation in Hindi and English. It was intended that the translation should not be too literal, rather it should gel with the modern mind. Hence it has been endeavoured to bring out the essence of each *mantra* in a lucid language.

The selected *mantras* from all the four Vedas have been divided under the following eight[1] headings:

1. One Earth, One Family
2. Peace
3. Well-being
4. Nature/Environment
5. Friendship/Amity
6. Education
7. Feminine Power
8. Culture

The Vedic verses have frequently addressed the earth as our mother, sky as father and other aspects of Nature as kin members. This clearly manifests that the idea of **"one earth, one family"**[2] was underlying the ancient Indian viewpoint.

There is no doubt that humanity today is tired of violence and is in dire need of **peace** more than ever before. It is because we are compelled to bear the blatant effect of a pandemic and a global war caused by the mighty storm of anger and aversion. In fact, 2020 was the most stressful year in recent history. Global Emotions Report 2020[3] shows how people in more than 140 countries and areas are living. Every living being is restless today; even the equilibrium of nature is disturbed due to perverted mindset of humans and

---

[1] A brief note on each of these eight headings has been provided at the beginning of respective chapters.

[2] India has, very recently, upon being declared the chair of G-20, has adopted its logo as follows: "One Earth, One Family, One Future".

[3] In 2020, the world was a sadder, angrier, more worried and more stressed out place than it has been at any time in the past fifteen years. – *Gallup Annual Global Emotional Report 2020.*

is giving rise to severe disasters. Positive values like cooperation, complementarity, and coordination are becoming rare and still rarer.

It is therefore that even after acquiring the highest level of physical comforts and conveniences, the humanity is still craving for the basic sense of **well-being.** The main reason behind this craving is an absence of **friendship** amongst various entities of the universe.

Vedic prayers present a benign sense of natural affinity among the visible and invisible, gross and subtle, micro and macro. Vedic verses depict an intimate emotional bonding between human beings and **nature**. In fact, this thread of intimacy between both these aspects of universe reflects a symbiotic relation like two parts of the same single whole in which **environment**[4] is not treated as an external factor.

On closer analysis, it becomes clear that the eternal and universal features of Vedic **culture** reflected here are: its antiquity, humanism, cosmic well-being and the idea of one single conscious principle pervading everything in the world, etc. The Vedic code of conduct teaches that we must inculcate these values and get elevated in life. It is therefore that several verses about Vedic **education** signify such message as: may our character be pious, our thoughts pure and may we always follow the noble path!

Besides, Vedic culture glorifies **feminine power** and sings praises of women like the following one:

---

4 This integral aspect of Vedic philosophy is very well reflected in the global initiative *LiFE* (*Lifestyle for Environment*) launched by Sri Narendra Modi, Prime Minister of India on 5 June 2022.

yasyāṁ bhūtaṁ samabhavadyasyāṁ viśvamidaṁ jagat ।
tāmadya gāthā gāsyāmi yā strīṇām uttamaṁ yaśaḥ ॥
– *Pāraskara Gṛhyasūtra* 1.7.2

From whom all the beings were born, upon whom the whole world is dependent (since she is the mother of all); that woman deserves highest glory, I am going to sing the song of glory for her.

The present book is just a small endeavour to provide an overview of ennobling ideas enshrined in the four Vedas, under the above eight headings. Otherwise, the Vedic knowledge is infinite and there is no limit to the subject matter of Vedas:

anantā vai vedāḥ । – *TaittBrā* 3.10.11

It must also be submitted here that the book in hand is meant for those beginners in Vedic studies who believe in the authority of Vedas; the serious scholars of Veda might not find any rare or valuable research material in it.

Etymologically, the word *veda* denotes knowledge, but this knowledge is special in the sense that it is impersonal and therefore eternal and inclusive too; since it is not bound by any personal limitations. Indian mind has been holding Vedic knowledge in the highest esteem for thousands of years. Therefore it is natural to enquire as to what is so special about the Vedas?

This book tries to answer the query by demonstrating that even without understanding the linguistic subtleties or prosodic implications, the simple yet impressive message of Vedas like seeing innate equality and divinity in all the beings/objects of the universe and aspiring for peace and well-being of everything around the cosmos can provide some succour and solace to the turbulent human minds of today. From this point of view, the following universal aspirations find expression in the Vedic prayers:

- May all the beings have unity in their minds.
- May all the living beings have amity in their hearts.
- May all the elements of nature – earth, water, air, fire and sky – exist peacefully.
- May the males and females be complimentary to each other.
- May both of them stay together in loving bonds.
- May we have a friendly eye towards all the objects.
- May we all be dynamic and ascent-oriented.
- May we all eat together by sharing mutually.
- May there be symbiosis between inner human nature and external nature surrounding us.
- May we all be happy for ever, etc.

Obviously the words of Vedic verses expressing such inspiring thoughts are not ordinary utterances but *mantra*s conveying powerful outcome of deep meditations by the seers. It is not without reason then that just by reciting these *mantra*s, positive and impressive sound-vibrations emanate, since each *mantra* has a central idea to convey. Hence a separate heading has been inserted before every *mantra* which will help the readers in comprehending its core idea.

The sequential arrangement of material in this book has been done in the following manner:

- Heading for each *mantra* in Hindi
- Original Veda-*mantra* in Nāgarī script
- Hindi translation of the *mantra* in Nāgarī script
- Title of each *mantra* in English
- Original verse from the Veda in Roman script

- English translation of the verse in Roman script
- Footnote (if any) at the bottom

As regards the Hindi and English translation of Vedic verses compiled in this book, I have to mention that:

i. For Hindi translation, I have mainly depended on the *Subodha Bhāṣya* of Vedas by Damodar Satavalekar and *Vedāloka* (vols. I & II) by Swāmī Vidyānanda Videha, but have also deviated from these two wherever necessary. Since my objective is to explain the basic idea of Veda-*mantra*s in such a way that it is useful for the modern minds, hence I have also taken freedom to translate the verses accordingly.

ii. For English translation of Veda-*mantra*s, I have mostly referred to the volumes[5] edited by Swāmī Satya Prakash Saraswati and his team, published from D.A.V. Publications New Delhi. But here again, I have not tied up essentially to the above interpretation and have translated freely at several places to convey the sense of Vedic verses in a simple way.

The target audience for this book will consist of mostly those who are either not exposed to Vedic studies at all or have a very limited exposure in this field. Therefore it was thought to be in the fitness of things that a basic introduction to Vedic literature be appended at the beginning. Accordingly the initial pages of the book have a brief write up on the topic. This small introduction to Vedic literature will not only enable the readers to grasp a glimpse of the vastness and variety of Vedic texts but also make

5 Rigveda (12 vols), Yajurveda (3 vols), Samaveda (2 vols), Atharvaveda (5 vols) edited with English translation by Swami Satya Prakash Saraswati, Udaya Vir Viraj and Satyakam Vidyalankar, vols 1-22, D.A.V. Publications, New Delhi.

them understand the enormous influence that invaluable Vedic literature has had on the subsequent development of Indian thought tradition. Unfortunately, today majority of Indians are also not aware of this treasure. Hence, it is my avowed aim to arouse their interest in this field and to highlight the universal message of Vedas for humanity.

In short, it has been my sincere effort to make the book as appropriate and useful for those who will be reading it. Nonetheless, all human activities tend to err naturally. Therefore, I am aware of my limitations and would request my readers to go through it with an open mind and take whatever is valuable for them, leaving the rest to be rectified and revised by me in the later edition.

1 November 2022 **ShashiPrabha Kumar**

Abhyudaya

295, Sector 15-A

Noida (Uttar Pradesh) 201301

आभार

सर्वप्रथम उस परमात्मा को कोटिशः नमन जिसने वेदरूपी अलौकिक ज्ञान हम मानवों के कल्याण हेतु प्रदान किया। तदनन्तर आधुनिक युग के महान् वेदोद्धारक महर्षि दयानन्द सरस्वती को सश्रद्ध प्रणाम जिन्होंने "वेदों की ओर लौट चलो" का नारा दिया और वेदाध्ययन के द्वार सब मनुष्यों के लिए, विशेषतः हम स्त्रियों के लिए, खोल दिए।

विवेकानन्द अन्तर्राष्ट्रीय प्रतिष्ठान के निदेशक माननीय श्री डॉ० अरविन्द गुप्ता जी के प्रति मैं हृदय से आभारी हूँ जिन्होंने न केवल यह ग्रन्थ तैयार करने की प्रेरणा दी अपितु इसके प्रकाशन की व्यवस्था भी कराई। इतना ही नहीं, आपने अपने अत्यन्त व्यस्त कार्यक्रम में अमूल्य समय निकालकर इस पुस्तक की प्रस्तावना भी लिखी, अतः उनका पुनः साधुवाद।

प्रतिष्ठान की सचिव सुश्री अनुत्तमा गांगुली एवं अन्य सभी सम्मानित सदस्यों के प्रति उनके सतत सहयोग एवं सद्भाव हेतु कृतज्ञता ज्ञापित करती हूँ।

प्रकाशक महोदय श्री सुशील मित्तल को हार्दिक धन्यवाद कि उन्होंने अत्यन्त निष्ठापूर्वक इस पुस्तिका के प्रकाशन का कार्य सम्पन्न किया।

अन्ततः उन सभी भावी पाठकों के प्रति साधुवाद समर्पित करती हूँ जिनके लिए यह पुस्तिका तैयार की गई।

Acknowledgements

FIRST and foremost, I offer my obeisance to the Almighty God for imparting the divine knowledge of Vedas to us human beings for our welfare. Thereafter I bow down to Swami Dayananda Saraswati, the great saviour of Vedas in modern age who gave a clarion call "Go back to the Vedas" and opened the doors of Vedic knowledge for all, especially for us women!

I must express sincere gratitude to Dr. Arvind Gupta, Director, Vivekananda International Foundation (VIF), New Delhi who not only inspired me to prepare this book but also got it published from VIF. In addition to this, he took time out of his busy schedule and wrote a valuable Foreword for the volume.

Thanks are also due to Ms. Anuttama Ganguly, Secretary, VIF and all the respected members of the foundation for their constant support and cooperation.

Credit must be given to Shri Susheel Mittal from D.K. Printworld for accomplishing the task of publishing the book in a befitting manner.

Last but not the least, I am thankful to all the prospective readers of this book, for whom this has been prepared!

Abbreviations

TaittBrā (तै०ब्रा०)	*Taittirīya Brāhmaṇa* (तैत्तिरीय ब्राह्मण)
TaittSaṁ (तै०सं०)	*Taittirīya Saṁhitā* (तैत्तिरीय संहिता)
TaittĀr (तै०आ०)	*Taittirīya Āraṇyaka* (तैत्तिरीय आरण्यक)
Mahā (महा०)	*Mahābhārata* (महाभारत)
YV (यजु०)	*Yajurveda* (यजुर्वेद)
ṚV (ऋ०)	*Ṛgveda* (ऋग्वेद)
AV (अथर्व०)	*Atharvaveda* (अथर्ववेद)

वैदिक वाङ्मय – एक परिचय

वेद न केवल भारतीय ज्ञानपरम्परा का मूल स्रोत हैं, अपितु विश्व-साहित्य के प्राचीनतम ग्रन्थ हैं। 'वेद' शब्द की निष्पत्ति चार धातुओं से मानी जाती है –

- √विद् ज्ञाने
- √विद् सत्तायाम्
- √विद् विचारणे
- √विद्लृ लाभे

वेद का शब्दार्थ ही स्पष्ट करता है कि जो कुछ जाना जाए, जिसकी भी सत्ता है, जो भी प्राप्त किया जाए एवं जिस पर भी विचार किया जाए – वह सब "वेद" है। इस दृष्टि से *तैत्तिरीय ब्राह्मण* का निम्न वचन सर्वथा सङ्गत सिद्ध होता है –

अनन्ता वै वेदाः । – 3.10.11

भारतीय परम्परा वेद को समस्त विद्याओं का निधान स्वीकार करती है, अतः वेद का महत्त्व सर्वविदित है। वेद का दूसरा नाम "श्रुति" है क्योंकि सहस्राब्दियों से वैदिक मन्त्र मौखिक रूप में ही गुरु–शिष्य के साक्षात् सम्पर्क द्वारा सङ्क्रान्त होते रहे हैं। परवर्ती काल में इनका ग्रन्थ रूप में प्रकाशन प्रारम्भ हुआ। अध्ययन की दृष्टि से वैदिक वाङ्मय का प्रथम स्वरूप चार वेद-संहिताओं के रूप में माना जाता है जिनमें *ऋग्वेद संहिता* सर्वप्रमुख एवं सर्वप्राचीन है। यूनेस्को द्वारा *ऋग्वेद* को विश्व का प्रथम उपलब्ध साहित्यिक ग्रन्थ घोषित किया गया है।

ऋग्वेद

ऋग्वेद में सङ्कलित कुल 10,552 मन्त्रों का नाम "ऋक्" है, जिसका अर्थ स्तुति होता है। *ऋग्वेद* के अधिकांश मन्त्रों में विभिन्न प्राकृतिक शक्तियों का देवता रूप में स्तवन किया गया है। वेदमन्त्रों को अपौरुषेय/ईश्वरीय ज्ञान माना जाता है जो तपःपूत ऋषियों के हृदय में प्रकाशित हुआ, अतः "देवता" के साथ ही "ऋषि" का ज्ञान भी वेदमन्त्रों के अर्थ-निर्धारण में अनिवार्य माना जाता है। साथ ही वेदमन्त्र जिन पद्यों में बद्ध हैं, उन्हें "छन्द" कहा जाता है, इसलिए प्रत्येक सूक्त के आरम्भ में मन्त्रों के समूह के साथ-साथ देवता, ऋषि और छन्द का निर्देश किया जाता है।

ऋग्वेद संहिता का विभाजन दस मण्डलों और 1,028 सूक्तों में किया गया है। प्राचीन काल में *ऋग्वेद* की इक्कीस शाखाएं मिलती थीं, किन्तु आजकल केवल शाकल और बाष्कल दो ही शाखाएं मिलती हैं।

ऋग्वेद को प्रमुखतः ज्ञान से सम्बद्ध माना जाता है (जबकि *यजुर्वेद* को कर्म से, *सामवेद* को उपासना से तथा *अथर्ववेद* को विज्ञान से); इसमें आध्यात्मिक–भौतिक, दार्शनिक–व्यावहारिक, सामाजिक–सांस्कृतिक सभी प्रकार के ज्ञान का समावेश है।

यजुर्वेद

यजुर्वेद को कर्म का या गति का वेद माना जाता है क्योंकि इसमें यज्ञ-कर्म की प्रधानता है। यजुष् शब्द यज् धातु से निष्पन्न है, अतः यह अर्थ सङ्गत सिद्ध होता है। प्राचीन काल में *यजुर्वेद* की 100 शाखाएं निर्दिष्ट हैं किन्तु आजकल केवल छह शाखाएं उपलब्ध हैं –

1. *शुक्ल यजुर्वेद* (वाजसनेयी संहिता) – माध्यन्दिन और काण्व
2. *कृष्ण यजुर्वेद* – तैत्तिरीय, मैत्रायणी, काठक (कठ) और कपिष्ठल

इनमें से उत्तर भारत में प्रधानतः *शुक्ल यजुर्वेद* की माध्यन्दिन शाखा ही प्रचलित है। *यजुर्वेद* का *शुक्ल* और *कृष्ण* के रूप में द्विविध निर्देश इस तथ्य पर आधारित है कि *शुक्ल यजुर्वेद* में मन्त्रों का सङ्कलन है जबकि *कृष्ण यजुर्वेद* में मन्त्रों के साथ ब्राह्मण अंश का भी मिश्रण है। *शुक्ल यजुर्वेद* में कुल चालीस अध्याय एवं 1,900 मन्त्र हैं।

सामवेद

सामवेद उपासना का वेद माना जाता है। साम का अर्थ गीति या गान है, अतः *सामवेद* में सङ्कलित मन्त्रों के माध्यम से आराधक या स्तोता गेय स्तुतियों के द्वारा आराध्य की उपासना करता है।

सामवेद में कुल 1,875 मन्त्र हैं जिनमें से 99 मन्त्र ही नए हैं, शेष *ऋग्वेद* से लिए गए हैं। *सामवेद* के दो भाग हैं – पूर्वार्चिक और उत्तरार्चिक। “आर्चिक” शब्द ऋक्-समूह का वाचक है। प्राचीन काल में *सामवेद* की 1,000 शाखाएं थीं; अनेक विद्वान् ऐसा मानते हैं कि वस्तुतः 1,000 शाखाएं नहीं, सामगान की विभिन्न पद्धतियाँ हैं। इसका आधार *शाबरभाष्य* का निम्न कथन है –

सामवेदे सन्ति सहस्रं गीत्युपायाः । – *मीमांसासूत्र* 2.1.36

एवं

सहस्रवर्त्मा सामवेदः । – पतञ्जलि, *महाभाष्य, पस्पशाह्निक*

किन्तु आजकल इनमें से केवल तीन ही शाखाएं उपलब्ध होती हैं – कौथुम, राणायनीय और जैमिनीय। जैमिनीय शाखा का अपर एवं प्राचीन नाम तलवकार है।

सामवेद का महत्त्व स्वयं भगवान् श्रीकृष्ण ने *भगवद्गीता* में **"वेदानां सामवेदोऽस्मि"** (10.22) कहकर प्रकट किया है। इसमें सन्देह नहीं कि *सामवेद* भारतीय सङ्गीत का प्राचीनतम उपलब्ध स्रोत है – गेय छन्दों में बद्ध *सामवेद* के मन्त्रों का सस्वर पाठ अत्यन्त प्रभावशाली एवं प्राचीन है। आजकल इस प्राचीन शैली के द्वारा सामगायन की प्रथा प्रायः लुप्त होती जा रही है।

अथर्ववेद

चतुर्थ वेद-संहिता *अथर्ववेद* है – इसके अन्य अनेक नाम भी पाए जाते हैं, तद्यथा – *अथर्वाङ्गिरोवेद* (अथर्वा और अङ्गिरा इन दो ऋषियों से सम्बद्ध होने के कारण), *भृगुवेद* (भृगु ऋषि से सम्बद्ध होने के कारण), तथा *ब्रह्मवेद* (ब्रह्मा नामक ऋषि से सम्बद्ध होने के कारण) इत्यादि। रोगों तथा उपचार आदि विपुल विषयों से सम्बद्ध होने के कारण इसे *भिषग्वेद* भी कहा जाता है।

अथर्ववेद की नौ शाखाओं का उल्लेख मिलता है –

नवधाथर्वणो वेदः । – पतञ्जलि, *महाभाष्य, पस्पशाह्निक*

सम्प्रति इसकी केवल दो ही शाखाएं उपलब्ध हैं – शौनक और पैप्पलाद। इन दोनों में से भी शौनक शाखा ही मुख्यतः प्रचलित है।

अथर्ववेद में कुल बीस काण्ड हैं , 731 सूक्त और 5,977 मन्त्र हैं – इनमें से पन्द्रहवाँ और सोलहवाँ काण्ड गद्यात्मक हैं। *अथर्ववेद* में जिन विषयों का विवेचन है, उनमें – दर्शन, अध्यात्म, प्रकृति, वर्ण-आश्रम, युद्ध, राजा, कृषि, पशुपालन, रोग, उपचार, औषधियाँ एवं वनस्पतियाँ आदि विविध तत्त्व समाहित हैं। अतः यह कहा जा सकता है कि *अथर्ववेद* में वर्ण्य विषयों का सम्बन्ध मानव-जीवन के प्रत्येक क्षेत्र से है। यही कारण है कि चारों वेदों में *अथर्ववेद* का अपना महत्त्वपूर्ण स्थान है।

यद्यपि पाश्चात्य विद्वान् मॉरिस विण्टरनिट्ज़ तथा आर्थर एन्थनी मैक्डोनेल् आदि *अथर्ववेद संहिता* को परवर्ती काल का मानते हैं तथा मॉरिस ब्लूमफील्ड आदि उसके विषय को उतना महत्त्वपूर्ण नहीं मानते, किन्तु भारतीय परम्परा इस मत को नहीं मानती। वैसे भी गहन अध्ययन द्वारा स्पष्ट हो जाता है कि *अथर्ववेद* परवर्ती नहीं है तथा उसमें वर्णित विषय विविध एवं मानवोपयोगी भी हैं तथा गम्भीर एवं दार्शनिक भी।

उल्लेखनीय है कि *ऋग्वेद* के ही एक मन्त्र (10.71.11) में चार पुरोहितों का निर्देश है जिन्हें क्रमशः चारों वेदों से सम्बद्ध माना जाता है। (इसी से स्पष्ट हो जाता है कि *ऋग्वेद* के समय ही चारों वेद विद्यमान थे) तद्यथा –

- ऋग्वेद – होता
- *यजुर्वेद* – अध्वर्यु
- *सामवेद* – उद्गाता
- *अथर्ववेद* – ब्रह्मा

उक्त चारों वैदिक संहिताओं से सम्बद्ध परवर्ती ग्रन्थों का सङ्क्षिप्त परिचय निम्नलिखित है। इससे स्पष्ट समझा जा सकता है कि वैदिक वाङ्मय कितना विशाल है एवं कितना महत्त्वपूर्ण है।

ब्राह्मण ग्रन्थ

वैदिक वाङ्मय का द्वितीय चरण ब्राह्मण ग्रन्थ हैं जो वेदमन्त्रों के व्याख्यानरूप हैं तथा गद्य में लिखे गए हैं। विद्वानों का एक वर्ग जो मन्त्र और ब्राह्मण दोनों को वेद मानता है, उसके अनुसार तो ब्राह्मण ग्रन्थों का स्थान वेदों के समकक्ष है –

> **यद्यपि मन्त्रब्राह्मणात्मको वेदः तथापि ब्राह्मणस्य मन्त्रव्याख्यानरूपकत्वात् मन्त्रा एवादौ समाम्नाताः।** – सायण (*तै॰सं॰ भाष्यभूमिका*)

किन्तु इसमें सन्देह नहीं कि ब्राह्मण ग्रन्थ वेदों की व्याख्या के रूप में हैं, इसलिए उनका स्थान मन्त्र-संहिताओं के बाद ही आता है। तदनुसार प्रत्येक वेद-संहिता से सम्बद्ध विभिन्न उपलब्ध ब्राह्मण ग्रन्थों के नाम अधोलिखित हैं –

1. *ऋग्वेद* – *ऐतरेय*, *शाङ्खायन* या *कौषीतकि*
2. *यजुर्वेद* (*शुक्ल*) – *शतपथ*
   यजुर्वेद (*कृष्ण*) – *तैत्तिरीय*
3. *सामवेद* – *ताण्ड्य*, *षड्विंश*, *सामविधान*, *आर्षेय*, *दैवत*, *उपनिषद्*, *संहितोपनिषद्*, *वंश*, *जैमिनीय* (कुल नौ ब्राह्मण)
4. *अथर्ववेद* – गोपथ

आरण्यक

वैदिक वाङ्मय के तीसरे सोपान पर आरण्यक ग्रन्थ आते हैं। वेद-संहिताओं के उपरान्त उनकी कर्मकाण्डपरक या यागपरक व्याख्या ब्राह्मण ग्रन्थों में की गई तो उन कर्मों की पृष्ठभूमि में सन्निहित दार्शनिक तत्त्वों, विशेषतः प्राणविद्या का विचार आरण्यक ग्रन्थों की विशेषता है। सायणाचार्य का कथन है कि अरण्य में पढ़े-पढ़ाए जाने के कारण इन ग्रन्थों का नाम आरण्यक पड़ा –

अरण्याध्ययनादेतद् आरण्यकमितीर्यते। – *तै॰आ॰भा॰*, श्लोक 6

इस दृष्टि से इन्हें वानप्रस्थ जनों की विचार-मीमांसा का सार भी कहा जा सकता है। *महाभारत* में उल्लिखित है कि औषधियों से उद्धृत अमृत की भाँति ही वेदों से निसृत परवर्ती दर्शन सारभूत ज्ञान आरण्यक हैं –

आरण्यकं च वेदेभ्य औषधिभ्योऽमृतं यथा। – *महा॰* 1.265

ऐसा प्रतीत होता है कि ब्राह्मण ग्रन्थ पूर्वमीमांसा का आधार बने तो आरण्यक (एवं बाद में उपनिषद्) उत्तरमीमांसा के लिए पृष्ठभूमि तैयार कर रहे थे। वस्तुतः आरण्यक ग्रन्थों में उपलब्ध बीजरूप विचारों का पल्लवन आगे चलकर उपनिषदों में हुआ।

ब्राह्मण ग्रन्थों की भाँति ही प्रत्येक वेद-संहिता से सम्बद्ध अनेक आरण्यक रहे होंगे। किन्तु सम्प्रति उपलब्ध आरण्यक ग्रन्थ निम्नलिखित हैं –

1. *ऋग्वेद* – *ऐतरेय*, *शाङ्खायन* या *कौषीतकि*
2. *यजुर्वेद* (*शुक्ल*) – *बृहदारण्यक*
   यजुर्वेद (*कृष्ण*) – *तैत्तिरीय*

3. *सामवेद* – *तवलकार, जैमिनीयोपनिषद्*
4. *अथर्ववेद* – इसका कोई आरण्यक उपलब्ध नहीं है

उपनिषद्

वैदिक वाङ्मय के अन्तिम भाग को उपनिषद् या वेदान्त कहा जाता है। कोश की दृष्टि से अन्त का अर्थ क्रमशः "अवसान" भी होता है एवं "सार" भी। आरण्यक ग्रन्थों में प्रारम्भ किए गए आध्यात्मिक एवं प्रतीकात्मक विचारों का पर्यवसान इन उपनिषद् ग्रन्थों में होता है। इसीलिए भारतीय तत्त्वविद्या का सर्वोच्च निदर्शन उपनिषद् ही हैं।

"उपनिषद्" शब्द "उप" और "नि" उपसर्गपूर्वक "षद्" धातु से निष्पन्न होता है। तदनुसार इसका अर्थ है – वह विद्या जो विनयपूर्वक गुरु के समीप (या नीचे) बैठकर प्राप्त की जाए – यानि गुह्य ब्रह्मविद्या। यद्यपि उपनिषदों की सङ्ख्या के विषय में विद्वानों में मतैक्य नहीं है, तथापि प्रमुख उपनिषदों में इन ग्यारह – ईश, *केन, कठ, प्रश्न, मुण्डक, माण्डूक्य, तैत्तिरीय, ऐतरेय, छान्दोग्य, बृहदारण्यक* एवं *श्वेताश्वतर* – की गणना होती है क्योंकि इन पर आचार्य शङ्कर ने *भाष्य* लिखा है। इनमें *कौषीतकि* और *मैत्रायणीय* को भी मिला लिया जाए तो सङ्ख्या तेरह होती है (इनका उल्लेख आचार्य शङ्कर ने अपने *ब्रह्मसूत्रभाष्य* में किया है।)

चारों वेदों की सम्बद्धता की दृष्टि से इनका निर्देश निम्न रीति से किया जा सकता है –

1. *ऋग्वेद* – *ऐतरेय, कौषीतकि*
2. *यजुर्वेद (शुक्ल)* – *ईश, बृहदारण्यक*
   यजुर्वेद (कृष्ण) – *तैत्तिरीय, कठ, श्वेताश्वतर, मैत्रायणीय*
3. *सामवेद* – *छान्दोग्य, केन*
4. *अथर्ववेद* – *प्रश्न, मुण्डक, माण्डूक्य*

उपनिषद् भारतीय चिन्तन के ऐसे शिखर हैं जिनकी दृष्टि विश्वव्यापी है – यही कारण है कि समस्त संसार में इनका प्रभाव एवं प्रचार देखा जा सकता है। सन् 1656 ई॰ में दाराशिकोह द्वारा फ़ारसी में पचास उपनिषदों का अनुवाद *सिर्रे अकबर* नाम से प्रकाशित हुआ। तत्पश्चात् 1801-02 के बीच फ्रेंच विद्वान् अङ्कतील डुपेरों ने इसी फ़ारसी अनुवाद को फ्रेंच और लैटिन में रूपान्तरित किया। लैटिन अनुवाद

Aupanekhat नाम से 1808 में प्रकाशित हुआ। डुपेरों का लैटिन भाषान्तर पुनः जर्मन भाषा में अनूदित होकर जर्मनी (नूनबर्ग) से प्रकाशित हुआ।

इसके परिणामस्वरूप योरपीय विद्वानों में उपनिषदों के अध्ययन की जो रुचि जाग्रत हुई, वह अद्यावधि प्रवर्तित है। इस सन्दर्भ में जर्मन विद्वान् आर्थर शोपेनहावर का निम्न कथन समुद्धरणीय है –

> "समस्त विश्व में उपनिषदों के अध्ययन से बढ़कर उपयोगी और उत्प्रेरक अन्य कोई अध्ययन नहीं है। उपनिषदों ने मुझे जीवन में शान्ति प्रदान की है, मृत्यु के समय भी ये मुझे शान्ति प्रदान करेंगे।"

उपनिषद् वैदिक वाङ्मय की न केवल अन्तिम अपितु अत्यन्त महत्त्वपूर्ण कड़ी हैं – इसके द्वारा भारतीय ज्ञान-परम्परा का विश्वव्यापी प्रचार एवं प्रभाव हुआ। यही नहीं, भारतीय दर्शन की अध्यात्मवादी प्रवृत्ति का विस्तार भी उपनिषदों के द्वारा हुआ। साथ ही जीवन–मृत्यु के रहस्य, आत्मज्ञान की सर्वोच्च प्रतिष्ठा, ओङ्कार-उपासना, पञ्चकोश एवं पिण्ड-ब्रह्माण्ड की सङ्गति आदि अनेक सिद्धान्तों का विकास भी उपनिषदों से ही हुआ।

परवर्ती काल में उपनिषदों के प्रभाव से *भगवद्गीता* एवं *ब्रह्मसूत्र* में इन विचारों का ऐसा विस्तार हुआ कि इन तीनों ग्रन्थों का नाम "प्रस्थानत्रयी" रूप में प्रथित हुआ एवं आदि शङ्कराचार्य ने अपना *भाष्य* लिखकर इन्हें और व्यापकता प्रदान की।

वेदाङ्ग

वैदिक वाङ्मय का परिचय अपूर्ण ही रहेगा यदि उसमें छह वेदाङ्गों की चर्चा न की जाए –

शिक्षा कल्पोऽथ व्याकरणं निरुक्तं छन्दसां च यः।
ज्योतिषामयनं चैव वेदाङ्गानि षडेव तु ॥

जैसा कि नाम से ही स्पष्ट है, ये वेद-रूप मुख्य अङ्गी के अङ्गभूत हैं, अतः वेदपुरुष की पूर्ण पहचान में इन सबका अपना-अपना महत्त्वपूर्ण स्थान है। तद्यथा –

छन्दः पादौ तु वेदस्य हस्तौ कल्पोऽथ पठ्यते।
ज्योतिषामयनं चक्षुः निरुक्तं श्रोत्रमुच्यते ॥

शिक्षा घ्राणं तु वेदस्य मुखं व्याकरणं स्मृतम्।
तस्मात् साङ्गमधीत्यैव ब्रह्मलोके महीयते॥

– ***पाणिनीय शिक्षा*, 41-42**

इसमें सन्देह नहीं कि इन छहों वेदाङ्गों के माध्यम से वैदिक ज्ञान-परम्परा का चतुर्दिक् विकास हुआ तथा अनेक नवीन ज्ञानविधाओं का जन्म हुआ। इस साहित्य काल को "उत्तर वैदिक युग" नाम से भी जाना जाता है। इन छहों वेदाङ्गों के ज्ञान के बिना वेद का समुचित अर्थ-निर्धारण करना सम्भव नहीं। अतः इनका सङ्क्षिप्त परिचय निम्नानुसार है –

शिक्षा

यह प्रथम वेदाङ्ग वैदिक उच्चारण-विधियों को निर्धारित करता है। चूँकि वैदिक ज्ञान श्रुति-परम्परा से ही सङ्क्रान्त होता रहा है, अतः उसके लिए उच्चारण की शुद्धता का ध्यान रखना अतीव महत्त्वपूर्ण है। यही कारण है कि वेदाङ्ग रूप में शिक्षा का लक्षण दिया गया है –

स्वरवर्णाद्युच्चारणप्रकारो शिक्ष्यते यया सा शिक्षा।

वेदमन्त्रों के सस्वर पाठ की दृष्टि से तीन स्वर माने गए हैं – उदात्त, अनुदात्त एवं स्वरित। वेदमन्त्रों के उच्चारण में एक स्वर का भी अन्तर होने से अर्थ का अनर्थ हो सकता है, इसलिए अनेक शिक्षा-ग्रन्थों (जिन्हें शाखाभेद होने के कारण "प्रातिशाख्य" भी कहा जाता है) का प्रणयन हुआ, जैसे – *गालव शिक्षा*, *भारद्वाज शिक्षा*, *नारदीय शिक्षा*, *आपिशलि शिक्षा* एवं *पाणिनीय शिक्षा*, इत्यादि।

कल्पसूत्र

द्वितीय वेदाङ्ग के रूप में कल्पसूत्र को गिनाया जाता है। इसके दो भाग हैं – कल्प और सूत्र। "कल्प" का अर्थ है – विधि, नियम, विधान या आदेश –

कल्पो वेदविहितानां कर्मणामानुपूर्वेण कल्पनाशास्त्रम्।

और "सूत्र" का अर्थ है – सङ्क्षेप की शैली या पद्धति –

अल्पाक्षरमसन्दिग्धं सारवद्विश्वतोमुखम्।
अस्तोभमनवद्यं च सूत्रं सूत्रविदोः विदुः ॥

– पारस्कर गृह्यसूत्र

इस आधार पर कल्पसूत्र उन ग्रन्थों को कहते हैं जिनमें याज्ञिक विधि-विधान, पारिवारिक कर्म-अनुष्ठान एवं सामाजिक नियमों का निर्देश हुआ हो।

कल्पसूत्र निम्न चार प्रकार के माने गए हैं –

श्रौतसूत्र

इनमें ब्राह्मण ग्रन्थों के अनुसार श्रुतिसम्मत चौदह प्रकार के यज्ञों का विशेष विवेचन है।

प्रमुख श्रौतसूत्र हैं –

- *ऋग्वेद – आश्वलायन, शाङ्खायन*
- *कृष्ण यजुर्वेद – मानव, बौधायन, वैखानस, आपस्तम्ब, हिरण्यकेशि, वाराह* तथा *भारद्वाज*
- *सामवेद – आर्षेयकल्प, लाट्यायन* तथा *जैमिनीय*
- *अथर्ववेद – वैतान*

धर्मसूत्र

इनमें चारों वर्णों तथा आश्रमों और राजा के कर्त्तव्यों का विशिष्ट विवेचन है। इन्हें समयाचारिक सूत्र भी कहा जाता है। इनमें मनुष्य के सामाजिक व्यवहार का निर्देश मिलता है, जैसे – विवाह की आयु, वर-वधू की योग्यता आदि।

प्रमुख धर्मसूत्र निम्न हैं –

- *ऋग्वेद – वसिष्ठ*
- *यजुर्वेद (शुक्ल) – शङ्ख*
- *यजुर्वेद (कृष्ण) – बौधायन, आपस्तम्ब, हारीत* और *विष्णु*
- *सामवेद – गौतम*

उल्लेख्य है कि धर्मसूत्र ही परवर्ती स्मृति ग्रन्थों – *मनुस्मृति, याज्ञवल्क्यस्मृति* आदि के आधारग्रन्थ हैं।

गृह्यसूत्र

गृह्यसूत्रों में गृहस्थों द्वारा प्रतिदिन अथवा विशेष अवसरों पर किए जाने वाले यज्ञों का एवं उनकी विधियों का वर्णन है। इनमें सात प्रकार के गृहयज्ञ (पितृ यज्ञ, पार्वण यज्ञ, अष्टका यज्ञ, श्रावणी यज्ञ, अश्वायुजी यज्ञ, आग्रहायणी यज्ञ और चैत्री यज्ञ) तथा पाँच महायज्ञों (ब्रह्म यज्ञ, देव यज्ञ, पितृ यज्ञ, अतिथि यज्ञ और भूत यज्ञ या बलिवैश्वदेव यज्ञ) का विशेष विवरण है। इसके अतिरिक्त आठ प्रकार के विवाह (ब्राह्म, दैव, आर्ष, प्राजापत्य, आसुर, गान्धर्व, राक्षस तथा पैशाच) और सोलह संस्कारों का भी वर्णन इनमें मिलता है।

प्रमुख गृह्यसूत्र निम्नलिखित हैं –

- *ऋग्वेद* – *आश्वलायन* और *शाङ्खायन*
- *यजुर्वेद* (*शुक्ल*) – *पारस्कर*
- *यजुर्वेद* (*कृष्ण*) – *बौधायन*, *आपस्तम्ब*, *भारद्वाज*, *मानव*, *हिरण्यकेशि*, *काठक* और *लौगाक्षि*
- *सामवेद* – *जैमिनीय*, *ग्राह्यायण*, *गोभिल* एवं *खादिर*
- *अथर्ववेद* – *कौशिक*

शुल्बसूत्र

श्रौतसूत्रों में विहित यागों हेतु वेदी-निर्माण के सिद्धान्त शुल्बसूत्रों में मिलते हैं। "शुल्ब" का अर्थ है रज्जु – अतः रज्जु के द्वारा मापी गई वेदी की रचना इन ग्रन्थों का प्रमुख प्रतिपाद्य है। वस्तुतः शुल्बसूत्र भारतीय ज्यामिति अथवा रेखागणित के प्राचीनतम स्रोत हैं। इसी प्रसङ्ग में त्रिकोणमिति के सिद्धान्त भी इनमें उल्लिखित हैं।

प्रमुख उपलब्ध शुल्बसूत्रों में *शुक्ल यजुर्वेद* का *कात्यायन* अथवा *कातीय शुल्बसूत्र* तथा *कृष्ण यजुर्वेद* के *बौधायन* और *आपस्तम्ब* शुल्बसूत्र उल्लेखनीय हैं।

व्याकरण

व्याकरण वेदाङ्ग का महत्त्व इसी तथ्य से सुस्पष्ट है कि इसे वेद-पुरुष का मुख माना गया है। पतञ्जलि ने अपने *महाभाष्य* में व्याकरण-अध्ययन के जिन पाँच तथा अतिरिक्त तेरह प्रयोजनों का उल्लेख किया है, उनमें वेद की रक्षा सर्वप्रथम है।

अतः वैदिक पदों के शुद्ध स्वरूप का व्याकरणसम्मत ज्ञान उनके अर्थ-निर्धारण हेतु अतीव आवश्यक है[1] – इसमें सन्देह नहीं।

सम्प्रति सर्वाधिक प्रचलित एवं प्रसिद्ध पाणिनीय व्याकरण ही है, यद्यपि अन्य अनेक व्याकरण-सम्प्रदायों का भी उल्लेख प्राप्त होता है।[2] इस शास्त्र को "अक्षर-समाम्नाय" कहते हैं – इस विषय का सर्वप्रथम उल्लेख *तैत्तिरीय संहिता* 6.4.7.3 में तथा तदनन्तर *पातञ्जल महाभाष्य* में मिलता है।

निरुक्त

ब्राह्मण ग्रन्थों से चली आ रही निर्वचन-परम्परा को व्यवस्थित करने वाला शास्त्र *निरुक्त*[3] भी महत्त्वपूर्ण वेदाङ्ग है। इसे "व्याकरणस्य कार्त्स्न्यम्" कहकर स्वयं निरुक्तकार यास्क (इनका समय ईसा पूर्व आठवीं शताब्दी माना जाता है) ने इसका महत्त्व स्पष्ट किया है। यदि व्याकरण पदों की संरचना पर केन्द्रित शास्त्र है तो *निरुक्त* उनके अर्थ पर केन्द्रित है।

वस्तुतः *निरुक्त* यास्क द्वारा सङ्कलित वैदिक शब्द-कोश *निघण्टु* की व्याख्या है। प्रायः सभी भाष्यकारों ने वेद-व्याख्या हेतु *निरुक्त* में निर्दिष्ट निर्वचन-पद्धति का आश्रय लिया है।

वैदिक वाङ्मय में *निरुक्त* का स्थान अप्रतिम है। स्वयं यास्क ने अपने ग्रन्थ में पूर्ववर्ती चौदह निरुक्तकारों का उल्लेख किया है, अतः इसकी निर्वचन-पद्धति प्राचीन एवं प्रामाणिक रही है – इसमें सन्देह नहीं। साथ ही, भाषाविज्ञान की दृष्टि से और उसमें भी प्रधानतः अर्थविज्ञान को लेकर *निरुक्त* का अमूल्य योगदान है।

---

1 विस्तार हेतु द्रष्टव्य डॉ॰ रामगोपाल, *वैदिक व्याकरण*, भाग एक एवं दो, नेशनल पब्लिशिंग हाउस, दिल्ली।

2 विस्तार हेतु द्रष्टव्य युधिष्ठिर मीमांसक, *संस्कृत व्याकरणशास्त्र का इतिहास*, तीन भाग, रामलाल कपूर ट्रस्ट, बहालगढ़, 1984 (चतुर्थ संस्करण)।

3 विस्तार हेतु द्रष्टव्य शिवनारायण शास्त्री, *निरुक्त-मीमांसा*, परिमल प्रकाशन, दिल्ली।

छन्द

"छन्द" पाँचवाँ वेदाङ्ग है। समस्त वेदमन्त्र छन्दों में निबद्ध हैं, अतः उन छन्दों के उच्चारण की विधि[4] एवं लय आदि का ज्ञान – अभीष्ट फल की सिद्धि हेतु अनिवार्य है। प्राचीन आर्ष परम्परा के अनुसार गद्य भी छन्द ही है क्योंकि छन्दरहित वाणी उच्चरित नहीं होती –

नाच्छन्दसि वागुच्चरति। – *निरुक्त* 7.3

इससे स्पष्ट है कि वेदमन्त्रों के विशुद्ध उच्चारण हेतु छन्दशास्त्र का ज्ञान आवश्यक है। इस शास्त्र का प्राचीनतम ग्रन्थ है पिङ्गल का *छन्दःसूत्र*। इसके आठ अध्यायों में से पहले चार (चौथे अध्याय के सातवें सूत्र तक) में वैदिक छन्दों के लक्षण दिए गए हैं, तदनन्तर लौकिक छन्दों का वर्णन है। जैसे बिना पैरों के मनुष्य न तो चल सकता है, न ही खड़ा हो सकता है – उसी प्रकार छन्द के बिना वेद का चलना सम्भव नहीं। यही कारण है कि परवर्ती काल में वेद के लिए "छन्द" नाम का औपचारिक प्रयोग होने लगा। पाणिनि बोलचाल की भाषा के लिए "भाषा" शब्द का प्रयोग करते हैं और वैदिक भाषा के लिए "छन्दस्" का – **"बहुलं छन्दसि"** (*अष्टाध्यायी* 2.4.26)।

वैदिक छन्दों की यह विशेषता है कि उनका लक्षण अक्षर-गणना पर आधारित होता है, उसमें गुरु–लघु का कोई नियम नहीं है।

प्रत्येक वेद-संहिता के छन्दों का वर्णन करने के लिए हमारे आचार्यों ने अनुक्रमणियाँ भी बनाईं। कात्यायन ने *ऋग्वेद* के सभी मन्त्रों के छन्दों का निर्देश *सर्वानुक्रमणी* में बड़ी प्रामाणिकता से किया है।

निरुक्तकार यास्क ने "छन्द" शब्द का निर्वचन छद् धातु से किया है –

छन्दांसि छादनात्। – *निरुक्त* 7.19

इसका अर्थ यही है कि छन्द वेदमन्त्रों को ढकने वाले आवरण हैं। *निरुक्त* के टीकाकार दुर्गाचार्य ने इसी अर्थ की पुष्टि करते हुए कहा है कि देवताओं ने मृत्यु से डरते हुए स्वयं को छन्दों से ढक लिया – इसीलिए वे छन्द कहे गए।

---

4 वैदिक छन्दों के विस्तृत विवरण हेतु द्रष्टव्य – युधिष्ठिर मीमांसक, *वैदिक छन्दोमीमांसा*, अमृतसर, 1959।

ज्योतिष

छठा और अन्तिम वेदाङ्ग ज्योतिष[5] है जिसे वेदपुरुष का चक्षु कहा गया है। वस्तुतः वेदों में नक्षत्र, तिथि, पक्ष, मास, ऋतु तथा संवत्सर इन कालखण्डों के अनुसार यज्ञों का विधान पाया जाता है। अतः कालविधान के निरूपक शास्त्र ज्योतिष का ज्ञान अनिवार्य है –

> **वेदा हि यज्ञार्थमभिप्रवृत्ताः कालाभिपूर्वा विहिताश्च यज्ञाः।**
> **तस्मादिदं कालविधानशास्त्रं यो ज्योतिषं वेद स वेद यज्ञम् ॥**
>
> – *वेदाङ्ग ज्योतिषम्*, 3

अभिप्राय यह है कि जैसे नेत्रहीन व्यक्ति अपने कार्य को सुचारु रूप से करने में असमर्थ रहता है, वैसे ही ज्योतिष-ज्ञान से रहित व्यक्ति वैदिक विधानों के अनुपालन में अक्षम होता है। अतः काल गणना के शास्त्र वेदाङ्ग ज्योतिष (astronomy) का महत्त्व असन्दिग्ध है।

ज्योतिष के उपलब्ध ग्रन्थों में *वेदाङ्ग ज्योतिष* के रचयिता का नाम लगध बताया जाता है, किन्तु उनके विषय में विस्तृत विवरण नहीं मिलता। शङ्कर बालकृष्ण दीक्षित ने *भारतीय ज्योतिष* नामक मराठी ग्रन्थ में सप्रमाण सिद्ध किया है कि *वेदाङ्ग ज्योतिष* की रचना 1400 ई॰पू॰ में की गई होगी।

ऋग्वेद से सम्बन्धित *आर्च ज्योतिष* तथा *यजुर्वेद* से सम्बद्ध *याजुष ज्योतिष* ये दो नाम उल्लेखनीय हैं।

ध्यातव्य है कि वैदिक वाङ्मय के अन्तर्गत चार वेद-संहिताओं, तत्सम्बद्ध ब्राह्मण, आरण्यक एवं उपनिषदों एवं छह वेदाङ्गों के उक्त सङ्क्षिप्त आकलन से इसकी विशालता, व्यापकता एवं गम्भीरता का अनुमान लगाया जा सकता है।

---

5 विस्तार हेतु द्रष्टव्य बलदेव उपाध्याय, *संस्कृत शास्त्रों का इतिहास*, शारदा मन्दिर, वाराणसी, 1969।

अन्य

वैदिक वाङ्मय की कतिपय अन्य विधाओं का उल्लेख अवशिष्ट है, तद्यथा –

अनुक्रमणी

भारतीय आचार्यों ने वेदों की रक्षा के लिए नवीन प्रकार के अनेक ग्रन्थों की रचना की है जिन्हें अनुक्रमणी-साहित्य कहा जाता है। यद्यपि पारम्परिक रीति से इनकी गणना वेदाङ्गों में नहीं तथापि वेदाध्ययन में इनकी उपादेयता विपुल है।

उपलब्ध विविध अनुक्रमणियों में आचार्य शौनक एवं कात्यायन की कृतियाँ महत्त्वपूर्ण हैं – कात्यायन रचित *ऋक्सर्वानुक्रमणी* में *ऋग्वेद* के दसों मण्डलों के ऋषि, देवता और छन्दों का निर्देश है तो *सामविधान* में साम का प्रयोग विविध अनुष्ठानों में विशेष फल की सिद्धि हेतु बताया गया है। इसी भाँति *बृहद्देवता*, *याजुष अनुक्रमणी* तथा *अथर्ववेदीय बृहत्सर्वानुक्रमणी* आदि अन्य अनेक ग्रन्थ भी मिलते हैं।

उपवेद

चारों वेदों से सम्बन्धित चार उपवेद भी मिलते हैं, जिनका नामोल्लेख नीचे किया जा रहा है –

- *ऋग्वेद – आयुर्वेद*
- *यजुर्वेद – धनुर्वेद*
- *सामवेद – गन्धर्वार्युर्वेद*
- *अथर्ववेद – अर्थवेद*

उपाङ्ग

वैदिक प्रामाण्य को स्वीकार करने वाले आस्तिक षड्दर्शनों-न्याय, वैशेषिक, साङ्ख्य, योग, मीमांसा तथा वेदान्त को वेदपुरुष का उपाङ्ग माना जाता है क्योंकि यद्यपि वे सब वेद से साक्षात् सम्बद्ध नहीं है तथापि शब्द प्रमाण के रूप में वेद की स्वीकृति उनकी आस्तिकता का आधार है। मनु ने स्पष्ट कहा है –

नास्तिको वेदनिन्दकः । – *मनुस्मृति* 2.11

इस प्रकार विपुल वैदिक वाङ्मय का केवल निदर्शन ही उक्त परिचय में कराया गया है। इसका आरेखीय आकलन निम्न रीति से किया जा सकता है –

वेद

↓

चार संहिताएं

↓

	ऋग्वेद	यजुर्वेद	सामवेद	अथर्ववेद
ब्राह्मण	*ऐतरेय, शाङ्खायन या कौषीतकि*	*शुक्ल – शतपथ कृष्ण – तैत्तिरीय*	*ताण्ड्य, षड्विंश, सामविधान, आर्षेय, दैवत, उपनिषद्, संहितोपनिषद्, वंश, जैमिनीय*	*गोपथ*
आरण्यक	*ऐतरेय, शाङ्खायन या कौषीतकि*	*शुक्ल – बृहदारण्यक कृष्ण – तैत्तिरीय*	*तलवकार*	इसका कोई आरण्यक उपलब्ध नहीं है।
उपनिषद्	*ऐतरेय, कौषीतकि*	*शुक्ल – ईश, बृहदारण्यक कृष्ण – तैत्तिरीय, कठ, श्वेताश्वतर, मैत्रायणीय*	*छान्दोग्य*	*प्रश्न, मुण्डक, माण्डूक्य*

अन्य

अनुक्रमणी – सर्वानुक्रमणी

वेदाङ्ग – शिक्षा, कल्प, व्याकरण, निरुक्त, छन्द और ज्योतिष

उपवेद – *आयुर्वेद, धनुर्वेद, गन्धर्वार्युर्वेद* तथा अर्थवेद

उपाङ्ग – न्याय, वैशेषिक, सांख्य, योग, मीमांसा तथा वेदान्त

An Introduction to Vedic Literature

VEDAS are not only the most original source of Indian knowledge tradition, but also the earliest available texts of world-literature. The term *Veda* is derived from following four roots:

- √*vid jñāne* (to know)
- √*vid sattāyām* (to be)
- √*vid vicāraṇe* (to think)
- √*vidlṛ lābhe* (to acquire)

Accordingly, the literal meaning of the word *veda* signifies that "whatever is known, whatever is existing, whatever is contemplated upon and whatever is acquired" all that is Veda. From this point of view, the statement of *Taittirīya Brāhmaṇa* seems quite appropriate:

anantā vai vedāḥ ।

Vedas are endless. 3.10.11

The significance of Veda in Indian tradition is well known as the Vedas are held to be the core of all branches of learning. Another appellation for the term *Veda* is *śruti* since Vedic verses have been orally transmitted from one generation to another generation for thousands of years. It is only at a later stage that these were put into publication.

For the sake of study, the first part of Vedic literature is known as four Veda-Saṁhitās; *Ṛgveda* is the first and foremost of these four. Unesco has declared *Ṛgveda* as the earliest available document of humanity and listed it as the "Intangible Cultural Heritage of Humanity".[1]

---

1 Unesco's Memory World Register, 2017.

Ṛgveda

The technical term for the Vedic verses compiled in *Ṛgveda* is *ṛk* which denotes worship or prayer

In all, there are 10,552 verses in the *Ṛgveda*. Several forces of nature have been invoked as deities in the verses of *Ṛgveda*. Vedic knowledge is held to be impersonal, it is said to be revealed in the purified hearts of the seers, so the knowledge of deity (*devatā*) and seer (*ṛṣi*) of each verse needs to be understood before comprehending the meaning. The metres in which the Vedic verses are set, are known as *chandas*. Therefore at the beginning of each Vedic hymn, the names of *ṛṣi*, *devatā* and *chanda* – are mentioned in most of the published volumes.

Ṛgveda Saṁhitā is divided in ten chapters known as *maṇḍala*s and further classified in 1,028 hymns (*sūkta*s). *Ṛgveda* is said to have had twenty-one branches (*śākhā*s) in ancient times, but these days only two branches are available – Śākala and Bāṣkala.

Ṛgveda is primarily associated with knowledge (while *Yajurveda* with action/ritual, *Sāmaveda* with worship and *Atharvaveda* with specialized knowledge (*vijñāna*)); and this includes all types of knowledge – spiritual and material, philosophical and empirical, social and cultural. So the significance of *Ṛgveda* in Vedic literature is proved without any doubt.

Yajurveda

Yajurveda is associated with action as it mainly deals with ritual, The term *yajuṣ* is derived from the root √*yaj*, so the association is well-grounded too. One hundred branches of *Yajurveda* have been mentioned to be available in ancient times, but nowadays only the following branches are found:

- *Śukla Yajurveda* (Vājasaneyī branch) – Mādhyandina and Kāṇva.
- *Kṛṣṇa Yajurveda* – Taittirīya, Maitrāyaṇī, Kaṭha (Kāṭhaka) and Kapiṣṭhala.

Out of the above branches, only Mādhyandina branch of *Śukla Yajurveda* is popular in northern India. The twofold division of *Yajurveda*, i.e. *Śukla* and *Kṛṣṇa* is based on the fact that the former is only a compilation of verses while the later is also mixed with the prose portion of the Brāhmaṇa texts.

Śukla Yajurveda has forty chapters and 1,900 verses in all.

Sāmaveda

This is held to be associated with worship. The word *sāma* means a song: *gītiṣu sāmākhyā*,[2] so the aspirant/devotee worships his "deity" by singing the verses in set metres.

Sāmaveda has a total of 1,875 verses, out of which only ninety-nine verses are new; rest have been taken from *Ṛgveda* only. *Sāmaveda* has two parts, namely – Pūrvārcika and Uttarārcika.

The term *ārcika* signifies collection/a group of *ṛk*s (verses). *Sāmaveda* is said to have 1,000 branches in olden times:

sahasravartmā sāmavedaḥ ।
– *Mahābhāṣya Paspaśāhnika* of Patañjali

Many scholars believe that there must have been 1,000 ways of singing the *sāma* verses and there were not actually 1,000 branches. This view is based on the following statement of Śabara:

sāmavede santi sahasraṁ gītyupāyāḥ । (on *Mīmāṁsāsūtra* 9.2.29)

---

[2] *Mīmāṁsāsūtra*, 2.1.36

Nowadays only three branches of *Sāmaveda* are available:

- Kauthuma
- Rāṇāyanīya
- Jaiminīya

The last one of these three is also known as Talavakāra. Sri Krishna has himself expressed the significance of *Sāmaveda* in *Bhagavadgītā*:

vedānāṁ sāmavedo 'smi. – X.22

There is no doubt about the fact that *Sāmaveda* is the most ancient available source of Indian music; the recitation of *Sāma* verses in set musical metres is not only quite ancient but also very effective. The tradition of singing *Sāma* verses in ancient style is becoming quite rare these days.

Atharvaveda

The fourth Veda-Saṁhitā is *Atharvaveda*; it is also known as *Atharvāṅgiroveda* (since it is connected with two seers, namely Atharva and Aṅgirā); *Bhr̥guveda* (as being related with the seer Bhr̥gu) and *Brahmaveda* (as it is associated with the seer Brahmā). It is also called as *Bhiṣagveda* because it is connected with diseases and their treatment etc.

Nine branches of *Atharvaveda* have been mentioned in earlier times:

navadhātharvaṇo vedaḥ ।
– *Mahābhāṣya Paspaśāhnika* of Patañjali

These days only two of its branches are found – Śaunaka and Paippalāda; out of these two also, Śaunaka is more popular.

Atharvaveda is divided in twenty chapters (*kāṇḍas*), 731

hymns and 5,977 verses. Various themes have been described in *Atharvaveda* such as – philosophy, spirituality, nature, war, king, agriculture, husbandry, diseases and their treatment, herbs and plants, etc. It would be better to say that *Atharvaveda* and the topics discussed herein are connected with all aspects of life. It is therefore that *Atharvaveda* has a significant place among all the four Vedas.

Although Western scholars like Moriz Winternitz and Arthur Macdonnell hold that *Atharvaveda* is of a much later date and Maurice Bloomfield does not give much importance to the subject matter of *Atharvaveda*, yet as is quite visible from the above brief description – Indian tradition does not agree with this view that *Atharvaveda* is of a later period. Not only this, the topics found in the *Atharvaveda* are also highly beneficial as well as deeply philosophical.

Besides, we find that a verse from *R̥gveda* (10.71.11) mentions the names of four types of priests (each one associated with one Veda-Saṁhitā respectively):

Hotā	*R̥gveda*
Adhvaryu	*Yajurveda*
Udgātā	*Sāmaveda*
Brahmā	*Atharvaveda*

This also points to the fact that there must have been four Vedas even at the time of *R̥gveda*.

A brief introduction of later Vedic sources associated with the above four Veda-Saṁhitās will give a glimpse to the vastness and pervasive influence of Vedic literature.

Brāhmaṇas

The second phase of Vedic literature comprises of the Brāhmaṇa texts which were written in prose style to explain the Vedic verses. There is a section of scholars who hold that both – the Mantra and Brāhmaṇa – are the parts of Veda; for them Brāhmaṇa texts are no less than the Veda:

> *yadyapi mantrabrāhmaṇātmako vedaḥ tathāpi brāhmaṇasya mantravyākhyānarūpakatvāt mantrā evādau samāmnātāḥ* ।
>
> – Sāyaṇa, in his Preface to the comm. of *TaittSaṁ*

But there is no doubt about the fact that the Brāhmaṇa texts were written in a later period for explaining the Vedas, hence they come only after Veda-Saṁhitās. Accordingly various Brāhmaṇa texts belonging to the four Veda-Saṁhitās are mentioned below:

1. *Ṛgveda – Aitareya, Śāṅkhāyana/Kauṣītakī.*
2. *Yajurveda (Śukla) – Śaṭapatha* (Kāṇva and Mādhyandina) *Yajurveda (Kṛṣṇa) – Taittirīya.*
3. *Sāmaveda – Tāṇḍya, Ṣaḍviṁśa, Sāmavidhāna, Ārṣeya, Daivata, Upaniṣad, Saṁhitopaniṣad, Vaṁśa* and *Jaiminīya.*
4. *Atharvaveda – Gopatha.*

Āraṇyakas

These constitute the third phase of Vedic literature. The ritualistic interpretation of Veda-Saṁhitās was done in the Brāhmaṇa texts, but the philosophical moorings behind those rituals, especially about *prāṇa-vidyā*, are the contents of Āraṇyaka texts. According to Sāyaṇa, these texts were called Āraṇyakas since these were being read and taught in the forests (*araṇya*):

> *araṇyādhyayanādetad āraṇyakamitīryate* ।
>
> – Comm. to *TaittĀr*, 6

From this point of view, these texts can also be characterized as contemplations of *vānaprasthas* (people residing in the forests). *Mahābhārata* has stated that Āraṇyakas are like elixir from the Vedas just like the nector extracted from the medicinal herbs:

> *āraṇyakaṁ ca vedebhya auṣadhibhyo 'mṛtaṁ yathā* ।
> – *Mahā* 1.265

It seems as if Brāhmaṇa texts became the ground for Pūrva-Mīmāṁsā while the Āraṇyakas and Upaniṣads for the Uttara-Mīmāṁsā. The ideas available in the Āraṇyakas blossomed later into the Upaniṣads.

There must have been several Āraṇyakas associated with each Veda-Saṁhitā, just like the Brāhmaṇa texts. However, currently available Āraṇyakas are only a few as mentioned below:

1. *Ṛgveda – Aitareya, Śāṅkhāyana* or *Kauṣītaki.*
2. *Yajurveda* (*Śukla*) – *Bṛhadāraṇyaka.*
   Yajurveda (*Kṛṣṇa*) – *Taittirīya.*
3. *Sāmaveda – Talavakāra.*
4. *Atharvaveda* – No Āraṇyaka is available for it.

Upaniṣads

The concluding part of Vedic literature is known as Upaniṣads or Vedānta. Lexical meaning of the term *anta* is 'end' as well as 'essence'. The spiritual and symbolic ideas initiated in the Āraṇyakas culminated in the Upaniṣads, hence these are the highest pinnacles of *brahma-vidyā* (science of Indian spiritualism).

The term *Upaniṣad* is derived from root √*ṣad* preceded by two prefixes: *upa* and *ni* (near, below). Therefore it signifies a branch of learning which can only be acquired by a disciple who is in close proximity with and sits below the teacher. This is not ordinary learning but a deep and secret knowledge to be imparted only to the deserving ones.

There is no convergence of view among scholars regarding the number of Upaniṣads, but the following ten/eleven are held to be principal Upaniṣads because Śaṅkarācārya has written commentaries on these: *Īśa*, *Kena*, *Kaṭha*, *Praśna*, *Muṇḍaka*, *Māṇḍūkya*, *Taittirīya*, *Aitareya*, *Chāndogya*, *Bṛhadāraṇyaka* and *Śvetāśvatara*, if we add these two more – *Kauṣītaki* and *Maitrāyaṇī* – (Śaṅkarācārya has not commented upon these, but he has referred to them in his *Brahmasūtrabhāṣya*), then the number becomes thirteen.

As regards their connection with the four Veda-Saṁhitās, it is mentioned below:

1. *Ṛgveda* – *Aitareya*, *Kauṣītaki*
2. *Yajurveda* (*Śukla*) – *Īśa*, *Bṛhadāraṇyaka*
   Yajurveda (*Kṛṣṇa*) – *Kaṭha*, *Taittirīya*, *Śvetāśvatara*, *Maitrāyaṇī*
3. *Sāmaveda* – *Kena*, *Chāndogya*
4. *Atharvaveda* – *Praśna*, *Muṇḍaka*, *Māṇḍūkya*

Upaniṣads are the culminating towers of Indian thought, with a universal appeal. It is therefore that scholars and students from the whole world were and are influenced with these texts. In the year 1656, Dārā Śikoḥ got fifty Upaniṣads translated in Persian with a title *Sirre-Akbar*. Thereafter a French scholar Anquatiel Duperon translated this Persian translation into French and Latin in 1801-02 and got the Latin translation published under the title *Aupanekhat* from Paris. In the year 1808, the Latin translation by Duperon was also translated in German and published from Germany.

Since then, the European scholars were enamoured of the Upaniṣads and their interest is still continuing. The following statement of Arthur Schopenhauer is worth quoting in this regard:

> "In the whole world there is no study so beneficial and so elevating as that of the Upaniṣads. It has been the solace of my life; it will be the solace of my death."

In brief, Upaniṣads are not only the last but also very important part of Vedic literature; so much so that Indian thought got universal appeal due to these texts. Besides, the spiritual trend of Indian philosophy also got a wide perspective through these texts. Ideas like the secrets of life and death, significance of spiritual knowledge, symbolic worship through *oṁkāra*, five sheaths of human personality, synergy between microcosm and macrocosm developed through the Upaniṣads.

Subsequently, due to the influence of Upaniṣads, *Bhagavadgītā* and *Brahmasūtra*s – carried forward these ideas to such an extent that these three texts came to be known as *prasthānatrayī* – Śaṅkarācārya wrote commentaries on all these three texts and provided a wider popularity to them.

Vedāṅgas

Introduction to Vedic literature will be incomplete without a mention of the six subsidiaries of Veda:

> *śikṣā kalpo 'tha vyākaraṇaṁ niruktaṁ chandasāṁ ca yaḥ* ।
> *jyotiṣāmayānaṁ caiva vedāṅgāni ṣaḍeva tu* ॥

As the name Vedāṅga suggests, these subsidiary parts of *Vedapuruṣa* play an important role in completing the identity of Veda as a whole:

chandaḥ pādau tu vedasya hastau kalpo 'tha paṭhyate ।
jyotiṣāmayanaṁ cakṣuḥ niruktaṁ śrotramucyate ॥
śikṣā ghrāṇaṁ tu vedasya mukhaṁ vyākaraṇaṁ smṛtam ।
tasmāt sāṅgamadhītyaiva brahmaloke mahīyate ॥
– *Pāṇinīya Śikṣā* 41-42

Chanda is like two feet of Vedapuruṣa, Kalpa is like its hands, Jyotiṣa is its two eyes and Nirukta is both the ears; Śikṣā is like its nose (sense of smell) and Vyākaraṇa is its face. Anyone who reads the Veda, along with its subsidiaries, gets glorified in the field of learning.

There is no denying the fact that Vedic knowledge grew in leaps and bounds due to these six subsidiaries and this gave rise to many more new branches of learning in Indian intellectual tradition. This period is known as post-Vedic period. A brief introduction of these six parts of Veda is given hereunder:

ŚIKṢĀ (ACCENTOLOGY)

The first subsidiary to Veda prescribes techniques for proper recitation of Veda-*mantras*. Since Vedic knowledge has been getting transmitted via oral method, hence correct pronunciation is vital in this respect. It is therefore that Śikṣā as a Vedāṅga has been defined as:

svaravarṇādyuccāraṇaprakāro śikṣyate yayā sā śikṣā ।

Śikṣā is the branch of Vedic learning which teaches about recitation of each vowel and letter with correct accent.

It is because even a slight change of single syllable in the proper accent of Vedic verses can distort the meaning thereof. From this point of view, three types of accents have been mentioned in these texts – *udātta* (high pitch), *anudātta* (lower pitch), and *svarita* (medium pitch).

Several Śikṣā texts like *Pāṇinīya Śikṣā*, *Gālavaśikṣā*, *Bhāradvāja-śikṣā*, *Nāradīyaśikṣā* and *Āpiśāliśikṣā* were authored by scholars/sages besides the Prātiśākhya texts based on different recitation due to respective *śākhā* of Veda-Saṁhitās.

KALPASŪTRA

Second subsidiary to Vedic studies is known as Kalpasūtra. As is evident, this has two parts – Kalpa and Sūtra. Accordingly Kalpa means a method, rule or order:

> *kalpo vedavihitānāṁ karmaṇāmānupūrveṇa kalpanāśāstraṁ* ।

Sūtra is also a technical term of Indian tradition and it has been defined as –

> *alpākṣaramasandigdhaṁ sāravadviśvatomukham* ।
> *astobhamanavadyaṁ ca sūtraṁ sūtravidoḥ viduḥ* ॥
> – *Pāraskara Gṛhyasūtra*, p. 5

> Sūtra is a statement of few letters which is precise, exact and correct.

What follows from the above is that Kalpasūtras are the typical Vedic texts which prescribe and describe ritual actions, familial rites and social festivals, etc.

Kalpasūtras are of four types as follows:

Śrautasūtras

The first type of Sūtras are termed as Śrautasūtras. As the name itself suggests, these texts particularly discuss the fourteen types of rites enjoined in the Brāhmaṇa texts.

Some significant Śrautasūtras pertaining to respective Veda-Saṁhitā are mentioned below:

a. *Ṛgveda – Āśvalāyana, Śāṅkhāyana*

b. *Yajurveda – Mānava, Baudhāyana, Vaikhānasa, Āpastamba, Hiraṇyakeśi, Vārāha* and *Bharadvāja*

c. *Sāmaveda – Ārṣeyakalpa, Lāṭyāyana* and *Jaiminīya*

d. *Atharvaveda – Vaitāna.*

Dharmasūtras

The second type of Kalpasūtras explain the duties of the four *varṇa*s and *āśrama*s, especially of a king. These texts also prescribe social norms such as appropriate age of marriage and compatibility of bride and groom, etc.

Some of the main *Dharmasūtras*[3] are mentioned below:

a. *Ṛgveda – Vasiṣṭha*

b. *Yajurveda (Śukla) – Śāṅkhāyana*
Yajurveda (Kṛṣṇa) – Baudhāyana, Āpastamba, Hārīta, Viṣṇu

c. *Sāmaveda – Gautama*

Gṛhyasūtras

These texts enunciate the types and techniques for various domestic rituals to be performed daily and on special occasions. These comprise of seven sorts of domestic rites (*pitṛyajña, pārvaṇa yajña, aṣṭakā yajña, śrāvaṇī yajña, aśvāyujī yajña, āgrahāyaṇī yajña* and *caitrī yajña*) and five types of daily rites (*brahmayajña, devayajña, pitṛyajña, atithiyajña* and *bhūtayajña* or *balivaiśvadeva yajña*).

---

[3] ***Note***: It is worth mentioning here that these Dharmasūtras are in fact the sourcebooks of later Smṛti texts such as *Manusmṛti* and *Yājñavalkyasmṛti*.

Besides these, the eight types of marriage (*brāhma, daiva, ārṣa, prājāpatya, āsura, gāndharva, rākṣasa* and *paiśāca*) and sixteen *saṁskāras* (*garbhādhāna, puṁsavana, sīmantonnayana, jātakarma, nāmakaraṇa, annaprāśana, cūḍākaraṇa, vidyārambha, karṇavedha, upanayana, vedārambha, keśānta, samāvartana, vivāha* and *antyeṣṭi*) are available in the Gṛhyasūtras.

Names of some significant Gṛhyasūtras are mentioned below in association with the four Veda-Saṁhitās:

a. *Ṛgveda – Āśvalāyana, Śāṅkhāyana*

b. *Yajurveda (Śukla) – Pāraskara*
Yajurveda (Kṛṣṇa) – Baudhāyana, Āpastamba, Mānava, Bharadvāja, Hiraṇyakeśi, Kāṭhaka and *Laugākṣi*

c. *Sāmaveda – Jaiminīya, Grāhyāyana, Gobhila* and *Khadira*

d. *Atharvaveda – Kauśika*

Śulbasūtras

The principles for preparing an altar as per specifications for various rituals are available in the Śulbasūtras. The term *śulba* signifies a rope, so to connect an alter correctly measured by a rope is the main content of these texts. In fact, these *Śulbasūtras* are the earliest available source for geometry and trigonometry.

Only two main Śulbasūtras are available these days:

a. *Śukla Yajurveda – Kātyāyana* or *Kātīya*

b. *Kṛṣṇa Yajurveda – Baudhāyana* and *Āpastamba*

VYĀKARAṆA

The significance of Vyākaraṇa in Vedic studies can be understood from the very fact that it is termed as the face of Veda. The five main objectives and thirteen additional purposes of studying

Vyākaraṇa enumerated by Patañjali in his *Mahābhāṣya* mention the preservation of Veda as the first and foremost. Therefore it is undoubtedly clear that the correct knowledge of Vedic terms as per grammatical rules is compulsory for understanding their meaning.[4]

Currently, the most important and popular grammar is Pāṇini's grammar, although we find that names of many more grammars are mentioned by scholars.[5]

The ancient science of grammar is also termed as *akṣara-samāmnāya* – this subject is first mentioned in *Taittirīya Saṁhitā* of *Yajurveda* 6.4.7.3 and later in the *Mahābhāṣya* of Patañjali.

NIRUKTA (ETYMOLOGY)

Nirukta is the branch of learning which systematized the trend of etymology, started from the Brāhmaṇa texts. Yāska (the author of *Nirukta*, 800 BCE) has himself clarified its significance by saying that it not only compliments but also completes grammar:

vyākaraṇasya kārtsnyam.

Grammar is focused on the structure of words while *Nirukta* is centred on their meanings.

In fact, *Nirukta* is the explanation of terms compiled in *Nighaṇṭu* by Yāska himself. Almost all the commentators of Veda have adopted the etymological method propounded in *Nirukta*.

The significance of *Nirukta* is unparalleled in Vedic literature. Yāska has mentioned the names of fourteen earlier authors in this field, so it is undoubtedly clear that the method of derivation is

---

4 Vide *Vaidika Vyākaraṇa* by Ram Gopal, parts 1-2, National Publishing House, Delhi.

5 Vide *Vyākaraṇa Śāstra kā Itihāsa* by Yudhiṣṭhira Mīmāṁsaka, three vols, Ramlal Kapur Trust, Bahalgarh, 1984 (IVth edition).

age-old and authentic. Besides, it is immensely helpful from the philological point of view in general and semantic point of view in particular.

CHANDA (PROSODY)

Chanda is the fifth Vedāṅga. Since all the *mantra*s of Vedas are set in poetic metres, hence knowing the techniques and tones[6] of these metres is helpful for obtaining the desired result.

In fact, the ancient tradition of Vedic sages holds that even the prose is prosody, since no speech is uttered without being metered:

nācchandasi vāguccarati । – *Nirukta* 7.2

It proves that the knowledge of Chanda is also necessary for correct recitation of Veda *mantra*s.

The oldest text for this branch of Vedic learning is the *Chandaḥśāstra* of Piṅgala. It contains eight chapters, out of which the earlier four (up to the seventh *sūtra* of chapter four) define the Vedic metres, while the later portion describes classical prosody.

The importance of Chanda for Vedic study is so enormous that it is given the place of feet for Vedapuruṣa; just as a person can neither walk nor stand without feet, similarly Veda cannot move ahead without Chanda. It is not without reason then that in the later period the word Veda was even metaphorically replaced by the term Chanda itself.

Hence Pāṇini uses the word *bhāṣā* for ordinary spoken language and uses Chanda for Veda in his *sūtra*:

bahulaṁ chandasi । – *Aṣṭādhyāyī* 2.4.26

---

6 For details, see *Vaidika Chandomīmāṁsā* by Yudhiṣṭhira Mīmāṁsaka, Amritsar, 1959.

The peculiarity of Vedic metres lies in the fact that they are based on counting the numbers of letters used in a verse; they don't have any rule for long or short vowels like classical metres.

Our ancient sages also prepared several indices for listing of metres used in all the four Veda-Saṁhitās. Kātyāyana has recorded all the metres of Ṛgvedic *mantras* in his *Sarvānukramaṇī*.

Yāska has derived the term *chanda* from the root √*chad*:

chandāṁsi chādanāt । – *Nirukta* 7.19

It means that Chandas are like coverings of Veda-*mantras*. Durgācārya, the commentator of *Nirukta* has explained by saying that the divine ones were afraid of death, so they covered themselves with the help of Chandas, therefore they were known as Chanda.

JYOTIṢA[7] (ASTRONOMY)

The sixth Vedāṅga is termed as Jyotiṣa and it is stated to be the vision of Vedapuruṣa. Since the Vedic rituals are enjoined to be performed in accordance with the divisions of time such as planets, dates, position of moon, season and year, hence it is essential to have a proper knowledge of Jyotiṣa, the science of determining the divisions of time:

vedā hi yajñārtham abhipravṛttāḥ
kālābhipūrvā vihitāśca yajñaḥ ।
tasmāt idaṁ kālāvidhānaśāstraṁ
yo jyotiṣaṁ veda sa veda yajñaṁ ॥
– *Vedāṅga Jyotiṣa* 3

It means that just as a visually handicapped person is incapable of doing his deeds; likewise a person devoid of the knowledge of astronomy, cannot accomplish Vedic rituals in a proper manner.

7 For details see Baldev Upadhyaya, *Sanskrit Śāstron kā Itihāsa* (Hindi), Śarddā Mandir, Vārāṇasi, 1969.

Therefore, the significance of astronomy in Vedic study as a science of calculating time is doubtless.

The available text of Jyotiṣa is known *Vedāṅga Jyotiṣa*, said to be authored by Ācārya Lagadha, but we don't find any further details about him. Śaṅkara Bālakṛṣṇa Dixit in his volume titled *Bhāratīya Jyotiṣa* (in Marathi) has clearly proved that *Vedāṅga Jyotiṣa* must have been written in about 1400 CE.

There are two more books worth mentioning in this regard which are available:

- *Ārca Jyotiṣa* (associated with *Ṛgveda*)
- *Yājuṣa Jyotiṣa* (associated with *Yajurveda*)

On the basis of above, it can be stated that even by this sketchy outline of four Veda-Saṁhitās, Brāhmaṇa texts, Āraṇyakas and Upaniṣads pertaining to these four Vedas and six Vedāṅgas – is sufficient to give a glimpse of breadth, width and depth of Vedic literature.

Others

There are still a few more domains of Vedic literature, which need to be hinted here such as follow:

Concordances

Ancient Indian sages prepared several types of tools for preservation of Vedic texts, out of which *Anukramaṇī* is one. Although these are not counted as Vedāṅgas, yet their utility for Vedic studies cannot be underestimated.

Out of several available indices, the ones compiled by Ācārya Śaunaka and Kātyāyana are very important. *Ṛksarvānukramaṇī* prepared by Kātyāyana lists the seers, deities and metres of all the ten chapters of *Ṛgveda* while his *Sāmavidhāna* records the rewards of singing *sāma* in various rituals. Besides these, *Bṛhaddevatā* of Śaunaka, *Yājuṣa-anukramaṇī* and *Bṛhatsarvānukramaṇī* of *Atharvaveda* are also available.

Upavedas

Four Upavedas are also available in Vedic literature and each one of them is associated with their respective Veda-Saṁhitā, as mentioned below:

- *Ṛgveda* *Āyurveda*
- *Yajurveda* *Dhanurveda*
- *Sāmaveda* *Gandharvāyurveda*
- *Atharvaveda* *Arthaveda*

Upāṅgas

The following six systems of Vedic tradition which show their allegiance to and have faith in Vedic testimony, are known as sub-subsidiaries of Veda:

Although these are not directly related with the Vedas but they are still held to be *āstika*, because all of them accept the authority of Veda. Manu has clearly stated it:

Nāstiko Vedanindakaḥ – *Manusmṛti*, 2.11

The above brief delineation is only an elementary introduction of the vast Vedic literature. A graphic outline of the same can be presented as follows:

- Nyāya
- Vaiśeṣika
- Sāṁkhya
- Yoga
- Mīmāṁsā
- Vedānta

Veda

↓

Four Saṁhitās

↓

	Ṛgveda	*Yajurveda*	*Sāmaveda*	*Atharvaveda*
Brāhmaṇa	*Aitareya, Śāṅkhāyana / Kauṣītaki*	*Śukla – Śatapatha* *Kṛṣṇa – Taittirīya*	*Tāṇḍya, Ṣaḍviṁśa, Sāmavidhāna, Ārṣeya, Daivata, Upaniṣad, Saṁhitopaniṣad, Vaṁśa* and *Jaiminīya*	*Gopatha*
Āraṇyaka	*Aitareya, Śāṅkhāyana / Kauṣītaki*	*Śukla – Bṛhadāraṇyaka* *Kṛṣṇa – Taittirīya*	*Talavakāra*	No Āraṇyaka is available for it
Upaniṣads	*Aitareya, Kauṣītaki*	*Śukla – Iśa, Bṛhadāraṇyaka* *Kṛṣṇa – Kaṭha, Taittirīya, Śvetāśvatara, Maitrāyaṇī*	*Kena, Chāndogya*	*Praśna, Muṇḍaka,* and *Māṇḍūkya*

Others

Concordances – Sarvānukramaṇī

Vedāṅgas – Śikṣā, Kalpa, Vyākaraṇa, Nirukta, Chanda and Jyotiṣa.

Upavedas – *Āyurveda, Dhanurveda, Gandharvāryurveda, Arthaveda*

Upāṅgas – Nyāya,Vaiśeṣika, Sāṁkhya,Yoga, Mīmāṁsā and Vedānta.

1

एक पृथ्वी, एक परिवार
One Earth, One Family

एक पृथ्वी, एक परिवार

वेद समस्त मानवता के लिए शाश्वत मूल्यों का अमूल्य निधान हैं। वेदों का सार्वभौम सन्देश है कि संसार के सभी मनुष्य समान हैं क्योंकि वे सब अमृत की सन्तान हैं –

श्रृण्वन्तु विश्वे अमृतस्य पुत्राः। – ऋ॰ 10.13.01

वैदिक मान्यता है कि ईश्वर एक ही है, यद्यपि उसे भिन्न-भिन्न नामों से पुकारा जाता है –

एकं सद्विप्रा बहुधा वदन्ति। – ऋ॰ 1.164.46

तदनुसार विश्व की सभी दिव्य शक्तियाँ हम सबके लिए हैं – एक ही धरती, एक आकाश, एक सूर्य और एक चन्द्रमा। यही नहीं, इन सबके साथ हमारा परम आत्मीय नाता है – आकाश हमारा पिता है और धरती हमारी माता है –

द्यौष्टा पिता पृथिवी माता। – *अथर्व॰* 02.28.04

माता भूमिः पुत्रोऽहं पृथिव्याः। – *अथर्व॰* 12.1.12

हम सब इस पृथ्वी माता की सन्तान हैं, और इसी पर निवास करते हैं। अतः समस्त पृथ्वी-निवासी एक ही परिवार[1] के सदस्य हैं –

यत्र विश्वं भवत्येकनीडम्। – *यजु॰* 32.8

इसलिए हम में से प्रत्येक का पुनीत दायित्व है कि हम परस्पर स्नेह-सद्भाव से रहें तथा अपनी आश्रयदायिनी माता पृथ्वी एवं उस पर बिखरी हुई सभी प्राकृतिक विभूतियों का संरक्षण-संवर्धन करने हेतु उद्यत रहें –

वयं तुभ्यं बलिहृतः स्याम। – *अथर्व॰* 12.1.62

---

1 "वसुधैव कुटुम्बकम्" – यह भारतीय चिन्तन-परम्परा का प्राचीन आदर्श है जो आज भी सर्वथा पालनीय है।

One Earth, One Family

Vedas are the invaluable repositories of eternal values for the whole of humanity. Universal message of the Vedas is that all the human beings are born equal as they are progeny of the immortal divine:

śr̥ṇvantu viśve amr̥tasya putrāḥ । – *R̥V* 10.13.01

In Vedic view, Supreme Divine is only One, although addressed through numerous names:

ekaṁ sadviprā bahudhā vadanti । – *R̥V* 1.164.46

Accordingly, all the divine forces of the world are meant for everyone – one earth, one sky, one sun and the one moon. Not only this, we have an intimate bond with these forces of Nature; sky is said to be our father and earth is mother of us all:

dyauṣṭvā pitā pr̥thivī mātā । – *AV* 02.08.04

mātā bhūmiḥ putro 'haṁ pr̥thivyāḥ । – *AV* 12.01.12

We are all the children of Mother earth and share it as our abode. Hence all the inhabitants of earth are members of the same, single family:[2]

yatra viśvaṁ bhavatyekanīḍam । – *YV* 32.8

Therefore it is an avowed obligation for each one of us that we live in mutual cooperation and strive for protection and preservation of the bounties of Nature dispersed all over the earth, who provides sustenance for us like the loving lap of a mother:

vayaṁ tubhyaṁ balihr̥taḥ syāma । – *AV* 12.1.62

---

2 *Vasudhaiva kuṭumbakam* is an ancient Indian ideal which needs to be adopted by all even today.

I.1

ईश्वर एक है, उसके अनेक नाम हैं

इन्द्रं मित्रं वरुणमग्निमाहुरथो दिव्य: स सुपर्णो गरुत्मान्।
एकं सद्विप्रा बहुधा वदन्त्यग्निं यमं मातरिश्वानमाहुः ॥
– ऋग्वेद 1.164.46

उसी एक को इन्द्र (सूर्य), मित्र (वृष्टि के देव), वरुण (जल का देव), अग्नि (अग्रणी) और दिव्य गतिशील सुपर्ण (अन्तरिक्ष में चलने वाला वायु) कहा गया है।

एक ही सत् तत्त्व है, उसी का ज्ञानी-जन अनेक प्रकार से वर्णन करते हैं – उसे ही अग्नि (तेजस्वी), यम (नियन्त्रक) और मातरिश्वा (वैश्विक प्राण) कहा जाता है।

Divine is one, its names are many

indraṁ mitraṁ varuṇamagnimāhuratho
divyaḥ sa suparṇo garutmān ।
ekaṁ sadviprā bahudhā vadantyagniṁ
yamaṁ mātariśvānamāhuḥ ।। – *R̥V* 1.164.46

They have styled Him in various ways: (God) Indra (or the sun), Mitra (the surveyor), Varuṇa (the venerable), Agni (the adorable); and He is the celestial, well-winged Garutmān (the dynamic one);

The learned ones call a single reality by many names as they speak of Him as Agni (the adorable), as Yama (the ordainer) and as Mātariśvan (cosmic breath).

I.2

एक ही तत्त्व अनेक रूपों में प्रकट हुआ है

एक एवाग्निर्बहुधा समिद्ध एकः सूर्यो विश्वमनु प्रभूतः।
एकैवोषाः सर्वमिदं वि भात्येकं **वा इदं वि बभूव सर्वम्**॥

– ऋग्वेद 8.58.2

एक ही अग्नि अनेक तरह से प्रदीप्त होती है, एक ही सूर्य सब में प्रविष्ट होकर अनेक तरह से प्रकट होता है। उषा अकेली ही इस समस्त विश्व को प्रकाशित करती है और अकेला (परमेश्वर) ही इस विविध विश्व के रूप में प्रकट होता है।

One is manifested as many

eka evāgnirbahudhā samiddha
ekaḥ sūryo viśvamanu prabhūtaḥ ।
ekaivoṣāḥ sarvamidaṁ vi bhātyekaṁ
vā idaṁ vi babhūva sarvam ।। – *ṚV* 8.58.2

The universal fire/the divine light is one, though kindled in various ways. The sun is one, pre-eminently shining over all. Dawn is one that illuminates the firmanent. One is the supreme which manifests in all.

I.3

समस्त विश्व का एक ही आश्रय है

वेनस्तत्पश्यन्निहितं गुहा **सद्यत्र विश्वं भवत्येकनीडम्।**
तस्मिन्निदं सं च वि चैति सर्वं सऽओतः प्रोतश्च विभूः प्रजासु॥
– *यजुर्वेद* 32.8

ज्ञानीजन उस परम तत्त्व को प्रत्येक पदार्थ में गुप्त रीति से छिपा हुआ देखते-समझाते हैं। एक परमात्मारूपी अधिष्ठान पर यह समस्त विश्व टिका हुआ है अर्थात् अकेला परमात्मा ही इस विश्व का सच्चा आश्रय है।

उसी एक परम तत्त्व में यह विश्व बनता और बिगड़ता रहता है, वही सब प्रजाओं में ओत-प्रोत और व्यापक है।

There is a single abode of the universe

venastatpaśyannihitaṁ guhā sadyatra
viśvaṁ bhavatyekanīḍam ।
tāsminnidaṁ saṁ ca vi caiti sarvaṁ
sa 'otaḥ protaśca vibhūḥ prajāsu ।। – *YV* 32.8

The wise beholds Him, as if placed in a secret cave, in whom all this world finds a common abode.

All this unites in Him and springs forth from Him. That omnipresent Lord is woven like warp and woof in all the creatures.

I.4

सब मनुष्य एक अमृत की सन्तान हैं

युजे वां ब्रह्म पूर्व्यं नमोभिर्विश्लोक एतु पथ्येव सूरेः।
श्रृण्वन्तु **विश्वेऽमृतस्य पुत्रा** आ ये धामानि दिव्यानि तस्थुः॥
– ऋग्वेद 10.13.1, यजुर्वेद 11.5

मैं तुम दोनों (स्त्रियों और पुरुषों) को सनातन वैदिक ज्ञान (ब्रह्म) के प्रति नमस्कारों के साथ युक्त करता हूँ। मुझ तेजस्वी/विप्र (सूरि) का यह सुवचन समस्त संसार के सभी मार्गों पर पहुँच जाए।

अमृत (अमरणशील) परमेश्वर की सभी सन्तानें (पुत्र-पुत्रियाँ) इस सन्देश को सुनें जो दिव्य पदों पर प्रतिष्ठित हैं।

All humans are progeny of the immortal

yuje vāṁ brahma pūrvyaṁ
namobhirviśloka etu pathyeva sūreḥ ।
śṛṇvantu viśve 'mṛtasya putrā ā ye
dhāmāni divyāni tasthuḥ ।। – *Ṛ̥V* 10.13.1, *YV* 11.5

I yoke you two (women and men) with the eternally existing Vedic lore. May the fame and glory of our chant spread on all roadsides of the world. May all sons of the immortal Lord, who inhabit the celestial regions, hear this message.

I.5

भूमि मेरी माता है

माता भूमिः पुत्रोऽहं पृथिव्याः। – *अथर्ववेद* 12.1.12

यह भूमि मेरी माता है और मैं इस पृथिवी का पुत्र हूँ।

Earth is my mother

mātā bhūmiḥ putro 'haṁ pṛthivyāḥ । – *AV* 12.1.12

The earth is my mother, I am the son of the soil.

I.6

पृथ्वी हमारे लिए सुखदायिनी हो

असम्बाधं मध्यतो मानवानां यस्या उद्वतः प्रवतः समं बहु।
नानावीर्या ओषधीर्या बिभर्ति पृथिवी नः प्रथतां राध्यतां नः ॥
– *अथर्व* 12.1.2

पृथ्वी पर रहने वाले सब मनुष्यों के मध्य उच्चता-निम्नता रहने पर भी सम है, परस्पर वैर-विरोध न हो; जो पृथ्वी रोगों को दूर करने वाली अनेक उत्तम गुणयुक्त वनस्पतियाँ धारण करती है – वह पृथिवी हमारे लिए सुख-समृद्धि देने वाली हो।

May the Earth be prosperous for us

asambādhaṁ madhyato mānavānāṁ yasyā
udvataḥ pravataḥ samaṁ bahu ।
nānāvīryā oṣadhīryā bibharti pṛthivī naḥ
prathatāṁ rādhyatāṁ naḥ ।। – *AV* 12.1.2

May there be unopposedness among human beings; whose are the ascents, advances and the plains and who bears the herbs of various virtues, may that earth be spread out for us, be prosperous for us.

I.7

आकाश पिता और पृथ्वी माता है

द्यौर्नः पिता जनिता नाभिरत्र बन्धुर्नो माता पृथिवी महीयम्।
– *अथर्व* 9.10.12

हम सबका जनक आकाश हमारा पिता है और यह महिमामयी माता पृथ्वी हमारी बन्धु है।

Sky is our father, Earth Mother

dyaurnaḥ pitā janitā nābhiratra bandhurno mātā pṛthivī mahīyam ।
–*AV* 9.10.12

The sky, our father and begetter is our close relation here; the great earth, our mother is the dear friend.

I.8

माता पृथिवी के लिए बलिदानी बनें

उपस्थास्ते अनमीवा अयक्ष्मा अस्मभ्यं सन्तु पृथिवि प्रसूताः ।
दीर्घं न आयु: प्रतिबुध्यमाना वयं तुभ्यं बलिहृत: स्याम ॥
– *अथर्ववेद* 12.1.62

हे पृथिवी ! तुझमें उत्पन्न सब लोग रोगरहित एवं क्षयहीन होकर हमारे पास रहने वाले हों।

हमारी आयु लम्बी हो, हम सब ज्ञान-विज्ञानयुक्त होकर (प्रबुद्ध होकर) तुम्हारे लिए सर्वस्व समर्पित करने वाले बनें !

May we offer everything for the mother earth

upasthāste anamīvā ayakṣmā
asmabhyaṁ santu pṛthivi prasūtāḥ ।
dīrghaṁ na āyuḥ pratibudhyamānā
vayaṁ tubhyaṁ balihṛtaḥ syāma ।। – *AV* 12.1.62

O Mother Earth! may all those born on your lap be free from disease and decay; may we all live long and be enlightened so as to offer our best to you!

I.9

दिव्य शक्तियाँ परिवार हैं

द्यौष्पितः पृथिवि मातरध्रुगग्ने भ्रातर्वसवो मृळतां नः ।
विश्व आदित्या अदिते सजोषा अस्मभ्यं शर्म बहुलं वि यन्त ॥
– ऋग्वेद 6.51.5

हे पिता द्युलोक, अद्रोही माता पृथिवी, भ्राता अग्नि और वसुओं, हमको सुखी बनाओ। हे अदितिपुत्रों और हे अदिते! तुम सब प्रीतिपूर्वक मिलकर हमको अत्यधिक सुख दो।

The divine forces are a family

dyauṣpitaḥ pṛthivi mātaradhrugagne
bhrātarvasavo mṛḷatāṁ naḥ ।
viśva ādityā adite sajoṣā asmabhyaṁ
śarma bahulaṁ vi yanta ।। – *ṚV* 6.51.5

O Father Heaven/Sky and the Infallible Mother Earth, the Brother Fire and you O Giver of Life-breath! may you all grant us happiness.

O Mother Infinite and Sons of Mother Infinity! may you all, with union of minds, bestow upon us your manifold protection.

I.10

परिवार में पर्वज एवं पुत्रियाँ सुमति दें

अवन्तु नः पितरः सुप्रवाचना उत देवी देवपुत्रे ऋतावृधा।
रथं न दुर्गादवसवः सुदानवो विश्वस्मान्नो अंहसो निष्पिपर्तन॥
– ऋ॰ 1.106.3

श्रेष्ठ वचन कहने वाले हमारे परिवार के दानशील वृद्धजन तथा दिव्य गुणों से सम्पन्न, मर्यादा की संरक्षिका हमारी पुत्रियाँ हमारे जीवन-रथ को सुपथ पर चलाएं और हमें सब प्रकार की बुराइयों से दूर करें।

May the elders and daughters in family guide us well

avantu naḥ pitaraḥ supravācanā uta devī devaputre ṛtāvṛdhā ।
rathaṁ na durgādavasavaḥ sudānavo viśvasmānno aṁhaso niṣpipartana ।। –*ṚV* 1.106.3

May our praiseworthy elders and the divine daughters, preservers of our old traditional virtues, protect us from all sorts of evils rescue our chariot of life from the difficult ravine.

I.11

सब मनुष्यों में सौहार्द हो

सहृदयं साम्मनस्यमविद्वेषं कृणोमि वः ।
अन्योन्यमभिहर्यत वत्सं जातमिवाघ्न्या ॥ – *अथर्ववेद* 3.30.1

मैं (ईश्वर) तुम मनुष्यों के मध्य सहृदयता, साम्मनस्य और द्वेष का अभाव प्रदान करता हूँ। तुम लोग परस्पर उसी भाँति स्नेह करो जैसे गाय अपने नवजात बछड़े को करती है।

May all humans live with mutual affection

sahṛdayaṁ sāmmanasyamavidveṣaṁ kṛṇomi vaḥ ।
anyonyamabhiharyata vatsaṁ jātmivāghnyā ।। – *AV* 3.30.1

I hereby bring about unity of your hearts and unity of minds, free from malice. May each one of you love the other as a cow loves its new-born calf.

I.12

परिवारजन सुखपूर्वक सोएं

सस्तु माता सस्तु पिता सस्तु श्वा सस्तु विश्पतिः ।
ससन्तु सर्वे ज्ञातयः सस्त्वयमभितो जनः ॥ – ऋ० 7.55.5

घर में माता सुखपूर्वक सोए, पिता सुख से सोए, (पालतू पशु) कुत्ता सुख से सोए, परिवार का स्वामी सुख से सोए। सब सम्बन्धी सुखपूर्वक सोएं और आसपास रहने वाले सब लोग सुख से सोएं।

May the kin sleep peacefully

sastu mātā sastu pitā sastu śvā sastu viśpatiḥ ।
sasantu sarve jñātayaḥ sastvayamabhito janaḥ ।।
– *Ṛ̥V* 7.55.5

Let the mother sleep, let the father sleep, let the watchdog sleep and let the master of the house sleep; let all the kindred sleep, let all the people around us sleep peacefully.

I.13

परिवारजन सन्तुष्ट रहें

सूनृतावन्तः सुभगा इरावन्तो हसामुदाः ।
अतृष्या अक्षुध्या स्तः मा गृहास्मद् बिभीतन ॥ – *अथर्व* 7.60.6

हे गृहस्थों! तुम लोग मधुर वाणी (सूनृता) बोलो, श्रेष्ठ धन कमाओ, प्रचुर अन्न वाले बनो, सदा हँसते-मुस्कुराते रहो; तृष्णा से रहित एवं सन्तुष्ट रहो तथा किसी से डरो नहीं।

May the kinsfolk be happy

sūnṛtāvantaḥ subhagā irāvanto hasāmudāḥ ।
atṛṣyā akṣudhyā staḥ mā gṛhāsmad bibhītana ।। – *AV* 7.60.6

Oh Householders! may you all remain endowed with pleasant words, good fortune, abundant foodgrains and be joyful ever; may you always be free from hunger and thirst and not be afraid of anyone.

I.14

सब लोग सुखी रहें

स्वस्ति मात्र उत पित्रे नो अस्तु स्वस्ति गोभ्यो जगते पुरुषेभ्य: ।
विश्वं सुभूतं सुविदत्रं नोऽस्तु ज्योगेव दृशेम सूर्यम् ॥
– *अथर्ववेद* 1.31.4

हमारी माता के लिए और हमारे पिता के लिए मङ्गल हो। गायों के लिए, अन्य गतिशील प्राणियों के लिए तथा मनुष्यों के लिए शुभ हो।

समस्त विश्व के लिए सब प्रकार का अभ्युदय (सुख-ऐश्वर्य) हो, हमें उत्तम ज्ञान (नि:श्रेयस) मिले और हम बहुत काल तक सूर्य को देखते रहें (दीर्घायु हों)।

May all be happy

svasti mātra uta pitre no astu svasti gobhyo jagate puruṣebhyaḥ ।
viśvaṁ subhūtaṁ suvidatraṁ no 'stu jyogeva dṛśema sūryam ।। – *AV* 1.31.4

May it be well with our mother and father, well with our cows, animals and human beings.

May all the living beings be good and benevolent to us. May we behold the sun for a long life!

I.15

जगत् रोगरहित हो

शिवेन वचसा त्वा गिरिशाच्छा वदामसि।
यथा नः सर्वमिज्जगदयक्ष्मं सुमना असत्॥ – यजुर्वेद 16.4

हे जगत् के स्वामी, हम सब तुमसे कल्याणकारी वचनों द्वारा भली-भाँति निवेदन करते हैं, जिससे कि हमारा समस्त जगत् रोगरहित और उत्तम मन वाला हो।

May the world be free from diseases

śīvena vacasā tvā giriśācchā vadāmasi ।
yathā naḥ sarvamijjagadayakṣmaṁ sumanā asat ।।

– *YV* 16.4

O Lord of Mountains! we salute you with auspicious hymns, so that all our living beings may be free from diseases and be hail and hearty.

I.16

समस्त विश्व को श्रेष्ठ बनाएं

इन्द्रं वर्धन्तो अप्तुरः कृण्वन्तो विश्वमार्यम् ।
अपघ्नन्तो अराव्णः ॥ – ऋग्वेद 9.63.5

अपने आत्म-बल को बढ़ाते हुए हम सब तत्परता के साथ साधनारत हों; कृपणताओं को दूर भगाते हुए समस्त विश्व को आर्य/श्रेष्ठ बनाते हुए शीघ्र गतिशील हों।

May we continue ennobling the whole world

indraṁ vardhanto apturaḥ kr̥ṇvanto viśvamāryam ।
apaghnanto arāvṇaḥ ।। – R̥V 9.63.5

Augmenting the strength of resplendent self, striving in a fast and flawless manner, rejuvenating all noble persons and destroying the infidels, may we all be blessed!

I.17

हम विश्व को सम्यक् रीति से देखें

चक्षुर्नो धेहि चक्षुषे चक्षुर्विख्यै तनूभ्यः ।
सं चेदं वि च पश्येम ॥ – ऋग्वेद 10.158.4

(हे सूर्य), आप हमारे नेत्रों में दृष्टि (दर्शन-शक्ति) दें, आप हमारी सन्तानों को भी दर्शन-शक्ति दें जिससे कि हम इस जगत् को भली-भाँति देखें और विविध प्रकार से देखें।

May we look into the world minutely

cakṣurno dhehi cakṣuṣe cakṣurvikhyai tanūbhyaḥ ।
saṁ cedaṁ vi ca paśyema ।। – *Ṛ̥V* 10.158.4

Give sight (O Sun!) to our eyes; bestow sight to our children born of our bodies.

May we look upon the world (with this sight), and look into (the inner mysteries of) it.

I.18

हम जीवित और जागृत समाज में रहें

पुनर्नः पितरो मनो ददातु दैव्यो जनः ।
जीवं व्रातं सचेमहि ॥ – *यजुर्वेद* 3.55

हे पितरों ! दिव्य प्रेरणा देने वाला विद्वान् हमें पुनः उत्तम मन (मानसिक शक्ति) प्रदान करे। हम जीवित और जागृत समाज में सुखपूर्वक सेवा करते रहें।

May we all live in communion

punarnaḥ pitaro mano dadātu daivyo janaḥ ।
jīvaṁ vrātaṁ sacemahi ।। – *YV* 3.55

O Ancestors! may the enlightened one give us again the mental spirit by which we live happily with the group of living people and serve.

I.19

पृथिवी कल्याण करे

स्वस्तिरिद्धि प्रपथे श्रेष्ठा रेक्णस्वत्यभि या वाममेति।
सा नो अमा सो अरणे नि पातु स्वावेशा भवतु देवगोपा॥
– ऋग्वेद 10.63.16

जो उत्तम गुण वाली, उत्तमोत्तम धन-धान्य से एवं अच्छे मार्ग से युक्त है और कल्याणकारी है, वही पृथिवी हमारे सुन्दर निवास के लिए, घर में और विजन में हमारी रक्षा करे एवं सदा हम सबका कल्याण करती रहे।

May the earth be benign to us all

svastiriddhi prapathe śreṣṭhā
rekṇasvatyabhi yā vāmameti ।
sā no amā so araṇe ni pātu
svāveśā bhavatu devagopā ।। – *ṚV* 10.63.16

May the good earth, full of fertile produce, secure us well-being on our excellent paths. Abounding with good health, may we proceed to attain the goal of our life. Blessed and protected by Nature's bounties, may we have a pleasant abode and a security in forests too.

2

शान्ति

Peace

शान्ति

वेद विश्व-शान्ति के प्रतिपादक प्राचीनतम स्रोत हैं – वेदमन्त्रों में सर्वत्र शान्ति की प्रार्थनाएं मुखरित होती हैं – समग्र ब्रह्माण्ड में शान्ति की ऐसी परिकल्पना अन्यत्र दुर्लभ है जो वेद के वाक्यों में मिलती है । पृथिवी से लेकर अन्तरिक्ष और द्युलोक तक, वृक्ष–वनस्पतियों, जल–पर्वत, पशु–पक्षी, वायु–अग्नि में और सर्वत्र शान्ति की कामना की गई है।

वस्तुतः शान्ति मन की एक दशा है और जब तक मनुष्य का मन शान्त नहीं है, तब तक बाह्य जगत् में शान्ति होने या न होने से कोई अन्तर नहीं पड़ता । इसीलिए *यजुर्वेद* के प्रसिद्ध शान्तिपाठ में सर्वत्र शान्ति की कामना के पश्चात् अन्ततः अपनी आन्तरिक शान्ति की कामना करता हुआ स्तोता/आराधक कह उठता है –

...... सा मा शान्तिरेधि । – *यजु॰* 36.17

वही शान्ति मुझे प्राप्त कराओ (जो चहुँ ओर बिखरी पड़ी है)।

"शम्", "शान्त", "शान्ति"– इन सभी शब्दों का प्रयोग वेदमन्त्रों में मिलता है, किन्तु विशेष ध्यातव्य है कि अधिकांशतः "शम्" के साथ "नो" (शं नो) पद का प्रयोग हुआ है जो द्योतित करता है कि यहाँ किसी एक व्यक्ति की नहीं, अपितु समस्त मानवों एवं प्राकृतिक तत्त्वों की शान्ति हेतु प्रार्थनाएं की गई हैं – यहाँ तक कि अग्नि और सूर्य भी तपें तो शान्तिपूर्वक तपें; प्रभात एवं पर्जन्य शान्तिप्रद हों; द्विपाद प्राणी एवं चतुष्पाद जीव – सब शान्ति से रहें; दिवस और रात्रियाँ शान्तिप्रद हों – सब ओर शान्ति ही शान्ति का प्रसार हो –

शं नो भव द्विपदे शं चतुष्पदे । – ऋ॰ 10.85.43

द्यौः शान्तिरन्तरिक्षं शान्तिः – *यजु॰* 36.17

शं नो देवीरभिष्टये आपो भवन्तु पीतये । – *अथर्व॰* 1.6.1

शं नो द्यावापृथिवी ...... – ऋ॰ 7.35.5

Peace

Vedas are the earliest source for propounding an idea of world peace. Vedic verses are replete with prayers for peace everywhere; images for cosmic peace expressed in the Vedic statements are rare to find anywhere else. Peace is aspired all over the universe: from earth to space and solar region, in the trees and herbs, water and mountains, animals and birds, air and fire.

In fact, peace is a mental state and it can't be felt in the outer world as long as the human mind is not at peace with itself. It is therefore that in the famous verse of *Yajurveda*, the aspirant invokes peace all around him but finally he prays for his own inner peace and proclaims:

sā mā śāntiredhi – 36.17

i.e. May that peace come to me which is all around me.

We find the usage of words like *śaṁ*, *śānta* and *śānti* in the verses of Veda; more notably it is the use of *śaṁ* with *no* (*śaṁ no*) which signifies that here peace is being invoked for all beings as well as every entity and not for just one individual:

- May there be peace for all humans and natural forces.
- May fire and sun shine brightly but peacefully.
- May the dawns and clouds be in peace.
- May the bipeds and quadrupeds be in peace.
- May the days and nights be full of peace.
- May there be peace everywhere.

II.1

सर्वत्र शान्ति हो

द्यौः शान्तिरन्तरिक्षँशान्तिः पृथिवी शान्तिरापः शान्तिरोषधयः शान्तिः
वनस्पतयः शान्तिर्विश्वे देवाः शान्तिर्ब्रह्म शान्तिः सर्वँशान्तिः
शान्तिरेव शान्तिः सा मा शान्तिरेधि ॥ – यजुर्वेद 36.17

द्युलोक हम सबके लिए शान्तिदायक हो, अन्तरिक्ष शान्तिप्रद हो, पृथिवी शान्तिदायिनी हो, जल शान्ति देने वाले हों, सब औषधियाँ कल्याण देने वाली हों, वनस्पतियाँ शान्तिप्रद हों, सब दिव्य शक्तियाँ शान्तिदायक हों, सतत वर्धमान ज्ञान शान्तिप्रद हो और इनके अतिरिक्त अन्य सब पदार्थ भी हमें शान्ति देने वाले हों। शान्ति स्वयं सदा शान्तिदायक रहे और वही शान्ति मुझे भी प्राप्त हो।

May peace prevail everywhere

dyauḥ śāntirantarikṣam̐ śāntiḥ pṛthivī
śāntirāpaḥ śāntiroṣadhayaḥ śāntiḥ
vanaspatayaḥ śāntirviśve devāḥ śāntirbrahma
śāntiḥ sarvam̐ śāntiḥ śāntireva śāntiḥ
sā mā śāntiredhi || – *YV* 36.17

May the sky be peaceful; may the mid-space be peaceful; may the earth be peaceful; may the waters be peaceful; may the annual plants be peaceful; may the forests be peaceful; may all the bounties of Nature be peaceful; may the evergrowing knowledge be peaceful; may all the things be peaceful; may there be peace and only peace; may such a peace come to me.

II.2

सर्वत्र शान्ति हो

शान्ता द्यौः शान्ता पृथिवी शान्तमिदमुर्वन्तरिक्षम् ।
शान्ता उदन्वतीरापः शान्ता नः सन्त्वोषधीः ॥ – *अथर्ववेद* 19.9.1

हम सबके लिए द्युलोक शान्तिदायक हो, पृथिवी हमें शान्ति दे, यह विस्तृत अन्तरिक्ष शान्तिकारक हो। उछलने वाले जल हमें शान्ति दें, औषधियाँ हमारे लिए शान्तिप्रद हों।

May peace prevail everywhere

śāntā dyauḥ śāntā pr̥thivī śāntamidamurvantarikṣam ।
śāntā udanvatīrāpaḥ śāntā naḥ santvoṣadhīḥ ।। – *AV* 19.9.1

May heaven/sky be peace-giving to us, peace-giving be the earth and this vast mid-space; may peace-giving be the bouncing waters of the oceans and peace-giving to us be the herbs.

II.3

सब कुछ शान्तिदायक हो

शान्तानि पूर्वरूपाणि शान्तं नो अस्तु कृताकृतम् ।
शान्तं भूतं च भव्यं च सर्वमेव शमस्तु नः ॥ – *अथर्ववेद* 19.9.2

पूर्वकाल के रूप हमें शान्ति दें, पहले किए गए या न किए गए हमारे कर्म हमें शान्ति दें। अतीत एवं अनागत हमारे लिए शान्तिदायक हों, सब कुछ हमें शान्ति प्रदान करे।

May everything be peaceful for us all

śāntāni pūrvarūpāṇi śāntaṁ no astu kr̥tākr̥tam ।
śāntaṁ bhūtaṁ ca bhavyaṁ ca sarvameva śamastu naḥ ॥
– *AV* 19.9.2

May the indications of earlier incidents be peace-giving to us; may our commissions and omissions be peace-giving to us.

May the past be peace-giving and future bring peace to us; may everything be peace-giving to us.

II.4

परम देव शान्ति देवें

शं नः करत्यर्वते सुगं मेषाय मेष्ये।
नृभ्यो नारिभ्यो गवे ॥ – ऋग्वेद 1.43.6

वह परम देव (रुद्र) हमारे घोड़े, मेढ़े–मेढ़ी, पुरुषों–स्त्रियों और गायों के लिए सुख और शान्ति प्रदान करे।

May the Lord be gracious to us all

śaṁ naḥ karatyarvate sugaṁ meṣāya meṣye ।
nṛbhyo nāribhyo gave ।। – *ṚV* 1.43.6

May He (the Supreme Lord) bestow happiness with ease upon our horses, our rams, our ewes, men and women, and on the cows.

II.5

सब शक्तियाँ शान्ति दें

शं नो भगः शमु नः शंसो अस्तु शं नः पुरन्धिः शमु सन्तु रायः ।
शं नः सत्यस्य सुयमस्य शं सः शं नो अर्यमा पुरुजातो अस्तु ॥
– ऋग्वेद 7.35.2

भग (समृद्धि) हमारे लिए शान्तिदायक हो और वह शासक अनुशासन हमें शान्ति देने वाला हो, पुरन्धि (धारण करने वाली) हमारी बुद्धि शान्तिदायक हो और रयि (धनैश्वर्य) हमें शान्ति देने वाले हों; अच्छे नियमों से युक्त सत्य-वचन हमारे लिए सुखकारक हों, अर्यमा (अत्यन्त सुख्यात न्यायकारी शक्तियाँ) हम सबके लिए कल्याणकारक हों।

May all the powers be auspicious

śaṁ no bhagaḥ śaṁ u naḥ śaṁ so astu
śaṁ naḥ purandhiḥ śaṁ u santu rāyaḥ ।
śaṁ naḥ satyasya suyamasya śaṁ saḥ
śaṁ no aryamā purujāto astu ॥ – *R̥V* 7.35.2

May the prosperity (*bhaga*) be for our welfare; may the discipline be auspicious for us; may the intellectual pursuits (*purandhiḥ*) be for our peace; may the riches (*rāyaḥ*) be for our fortune; may the variously manifested powers of law and order (*aryamā*) be for our well-being.

II.6

दिव्य शक्तियाँ शान्तिदायक हों

शं नो मित्रः शं वरुणः शं विष्णुः शं प्रजापतिः ।
शं न इन्द्रो बृहस्पतिः शं नो भवत्वर्यमा ॥ – *अथर्ववेद* 19.9.6

मित्र (सूर्य) हमारे लिए शान्तिप्रद हो, विष्णु (व्यापक प्रभु) और प्रजापति (सब प्राणियों का स्वामी) हमें शान्ति दें। इन्द्र (ऐश्वर्यशाली देव), बृहस्पति[1] (विशाल जगत् का रक्षक) और अर्यमा (न्यायकारी ईश्वर) – ये सभी दिव्य शक्तियाँ हमारे लिए शान्तिदायक हों।

May divine forces provide peace

śaṁ no mitraḥ śaṁ varuṇaḥ śaṁ viṣṇuḥ śaṁ prajāpatiḥ ।
śaṁ na indro bṛhaspatiḥ śaṁ no bhavatvaryamā ।।

– *AV* 19.9.6

May the friendly Lord (Mitra) be peace-giving to us; peace-giving be the venerable Lord (Varuṇa); peace-giving be the pervading Lord; peace-giving be the Lord of creatures.

May the resplendent Lord and the Lord Supreme be peace-giving to us; peace-giving to us be the ordaining Lord (Aryamā).

[1] बृहस्पतिः – बृहतः पाता पालयिता वा। – *Nirukta* 10.1.12

II.7

दिव्य शक्तियाँ शान्ति दें

शं रुद्राः शं वसवः शमादित्याः ।
शं नो महर्षयो देवाः शं देवाः शं बृहस्पतिः ॥ – *अथर्ववेद* 19.9.11

रुद्र हमें शान्ति देवें, वसुगण हमारे लिए शान्तिप्रद हों, आदित्य हमें शान्ति देवें, अग्नियाँ हमारे लिए शान्तिदायक हों।

महर्षियों और देवजनों की कृपा हमारे लिए शुभ हो, इस बृहद् विश्व के स्वामी बृहस्पति हमें शान्ति दें।

May the divine forces be gracious

śaṁ rudrāḥ śaṁ vasavaḥ śamādityāḥ ।
śaṁ no maharṣayo devāḥ śaṁ devāḥ śaṁ bṛhaspatiḥ ।।
– *AV* 19.9.11

We seek kindness of the strict punishers upon us, we seek grace of the granters of dwellings, grace of the illumined ones and the adorable leaders.

May the grace of great holy sages befall upon us, gracious be the enlightened ones and gracious be the Lord supreme.

II.8

दिव्य शक्तियाँ शान्तिप्रद हों

शं न इन्द्राग्नी भवतामवोभिः शं न इन्द्रावरुणा रातहव्या।
शमिन्द्रासोमा सुविताय शं योः शं न इन्द्रापूषणा वाजसातौ॥
– ऋग्वेद 7.35.1

सूर्य और अग्नि हम सबके लिए रक्षणादि के द्वारा शान्तिप्रद हों, ग्रहण करने योग्य वस्तुओं के देने वाले सूर्य और समुद्र हमारे लिए सुखकारी हों, सूर्य और चन्द्र हमारे ऐश्वर्य के लिए रोगों के नाशक और भय के निवर्त्तक हों, सूर्य और अन्य पोषक शक्तियाँ जीवन-सङ्घर्ष में हम सबको शान्ति देने वाली हों।

May the sun and other divine forces be peaceful

śaṁ na indrāgnī bhavatāmavobhiḥ
śaṁ na indrāvaruṇā rātahavyā ।
śamindrāsomā suvitāya śaṁ yoḥ
śaṁ na indrāpūṣaṇā vājasātau ।।
– *R̥V* 7.35.1

May the sun and the fire, with their blessing aids, be for our fortune; may the sun and the ocean, to whom homage is offered, be for our welfare; may the sun and the moon be auspicious for our comfort, along with prosperity; may the sun and divine powers of sustenance be for our well-being in the struggles of life.

II.9

प्राकृतिक शक्तियाँ शान्तिदायक हों

शं नो धाता शमु धर्ता नो अस्तु शं न उरूची भवतु स्वधाभिः।
शं रोदसी बृहती शं नो अद्रिः शं नो देवानां सुहवानि सन्तु॥
– ऋग्वेद 7.35.3

सबका धारण तथा पोषण करने वाला परमात्मा हमारे लिए शान्तिदायक हो, अमृतमय अन्नादि पदार्थों के साथ पृथिवी हमें शान्ति देने वाली हो; विस्तृत अन्तरिक्ष एवं भूमि हमारे लिए शान्तिदायक हों, मेघ व पर्वत हमें शान्ति देने वाले हों और दिव्य शक्तियों के प्रति किए गए सुन्दर स्तुतिगान हम सबके लिए शान्तिदायक हों।

May Nature's bounties bring peace

śaṁ no dhātā śam u dhartā no astu
śaṁ na urūcī bhavatu svadhābhiḥ।
śaṁ rodasī bṛhatī śaṁ no adriḥ
śaṁ no devānāṁ suhavāni santu॥ – ṚV 7.35.3

May the Lord of creativity be for our well-being; may the Lord of sustenance be for our fortune; may the wide earth, with its provisions, be auspicious for us. May the vast mid-space and earth be for our good; may the mountains be for our happiness; may our pious invocations to Nature's bounties secure peace for us all.

II.10

समस्त सुकर्म शान्तिकारक हों

शं नो अग्निर्ज्योतिरनीको अस्तु शं नो मित्रावरुणावश्विना शम्।
शं नः सुकृतां सुकृतानि सन्तु शं न इषिरो अभि वातु वातः॥
– ऋग्वेद 7.35.4

ज्योतियों की ज्योति वह अग्नि हमारे लिए शान्तिदायक हो, विद्युत् और जल शान्तिदायक हों, अश्विनीयुगल अर्थात् सूर्य और चन्द्र[2] हमें शान्ति देने वाले हों; धर्मात्माओं के सुकर्म हम सबके लिए शान्तिकारक हों, गतिशील पवन हमारे लिए सब ओर से शान्ति देने वाली होकर बहे।

May noble actions of pious ones be for our fortune

śaṁ no agnirjyotiranīko astu
śaṁ no mitrāvaruṇāvaśvinā śam।
śaṁ naḥ sukr̥tāṁ sukr̥tāni santu
śaṁ na iṣiro abhi vātu vātaḥ॥ – *R̥V* 7.35.4

May the fire, with its splendour of countenance, be for our happiness; may the cosmic light and water, and the pair of twin-divines Sun and Moon be for our fortune. May the noble actions of pious ones be for our good; may the impetuous wind blow for our welfare.

[2] *Nirukta*, 12.1.02

II.11

सूर्य तथा अन्य दिव्य शक्तियाँ सुखदायक हों

शं न इन्द्रो वसुभिर्देवो अस्तु शमादित्येभिर्वरुण: सुशंस: ।
शं नो रुद्रो रुद्रेभिर्जलाष: शं नस्त्वष्टाग्नाभिरिह श्रृणोतु ॥
– ऋग्वेद 7.35.6

दिव्य गुणयुक्त इन्द्र यानि सूर्य सुखदायक हो, उत्तम गुण वाला समुद्र का जल आदित्य की किरणों के साथ हमारे लिए सुखदायी हो, जीवों की अभिलाषा पूरी करने वाला तथा दुष्टों को दण्ड देने वाले भीषण गुणों के साथ रुद्ररूप परमात्मा हमारे लिए सुखकर हो; विश्वकर्मा जगदीश हमारी प्रार्थना सुने तथा अपने दिव्य गुणों सहित हम सबके लिए शान्तिदायक हो ।

May the sun and other celestial powers bring us happiness

śaṁ na indro vasubhirdevo astu
śamādityebhirvaruṇaḥ suśaṁsaḥ ।
śaṁ no rudro rudrebhirjalāṣaḥ
śaṁ nastvaṣṭāgnābhiriha śr̥ṇotu ॥ – *R̥V* 7.35.6

May the divine sun, with its life-giving elements, grant us happiness; may the justly praised ethereal ocean, with the numerous celestial lights, be friendly to our fortune; may the cosmic controller, with his strict actions, bless us for our well-being; may the architect of universe hear us at this solemnity and be with us for our welfare.

II.12

सूर्य, पर्वत और समुद्र शान्तिदायक हों

शं न: सूर्य उरुचक्षा उदेतु शं नश्चतस्र: प्रदिशो भवन्तु।
शं न: पर्वता ध्रुवयो भवन्तु शं न: सिन्धव: शमु सन्त्वाप:॥
– ऋग्वेद 7.35.8

विपुल पदार्थों का दर्शन कराने वाला सूर्य हमारे लिए शान्तिपूर्वक उदित हो, चारों ओर फैली दिशाएं हमारे लिए शान्तिप्रद हों; दृढ़ पर्वत सुखदायक हों, नदियाँ व समुद्र हमारे लिए शान्तिदायक हों और जल हमें शान्ति देने वाले हों।

May the sun, ocean and mountains be auspicious

śaṁ naḥ sūrya urucakṣā udetu
śaṁ naścatasraḥ pradiśo bhavantu।
śaṁ naḥ parvatā dhruvayo bhavantu
śaṁ naḥ sindhavaḥ śam u santvāpaḥ॥ – *R̥V* 7.35.8

May the sun with extensive radiance rise for our well-being; may the four quarters of the horizons be auspicious to us. May the firmly set mountains bless us for our happiness; may the waters be for our welfare.

II.13

ग्रह-नक्षत्र शान्तिदायक हों

शं नो ग्रहाश्चान्द्रमसाः शमादित्यश्च राहुणा।
शं नो मृत्युर्धूमकेतुः शं रुद्रास्तिग्मतेजसः ॥ – *अथर्ववेद* 19.9.10

चन्द्रमा से सम्बन्धित सभी ग्रह हमें शान्ति दें, राहु के साथ सूर्य हमें शान्ति दें। मृत्युदाता धूमकेतु हम सबके लिए शान्तिप्रद हो, तीक्ष्ण तेज वाले रुद्र हमें शान्ति दें।

May the planets be peaceful to us

śaṁ no grahāścāndramasāḥ śamādityaśca rāhuṇā ।
śaṁ no mr̥tyurdhūmaketuḥ śaṁ rudrāstigmatejasaḥ ।।
–*AV* 19.9.10

Gracious to us be the eclipses of the moon; and gracious be the sun eclipsed by comet Rāhu, gracious to us be the fatal comet; gracious be the terrible punisher with fierce valour.

II.14

पृथिवी, अन्तरिक्ष एवं वायु शान्ति दें

शं नो अदितिर्भवतु व्रतेभिः शं नो भवन्तु मरुतः स्वर्काः।
शं नो विष्णुः शमु पूषा नो अस्तु शं नो भवित्रं शम्वस्तु वायुः ॥9॥
– ऋग्वेद 7.35.9

नियमों सहित चलने वाली अखण्ड धरती-माता हमारे लिए शान्तिदायिनी हो, शुभ गति वाले वायवीय तत्त्व हमें शान्ति प्रदान करें। सर्वव्यापक परमेश्वर एवं उसका पुष्टिकारक स्वरूप हमारे लिए सुखदायक हो, अन्तरिक्ष व जल सुखकर हों और पवन हम सबको शान्ति देने वाली हो।

May the earth, mid-space and air bring us peace

śaṁ no aditir bhavatu vratebhiḥ
śaṁ no bhavantu marutaḥ svarkāḥ।
śaṁ no viṣṇuḥ śam u pūṣā no astu
śaṁ no bhavitraṁ śamvastu vāyuḥ॥ – *Ṛ̥V* 7.35.9

May the infinite mother earth, through holy observances, be for our welfare; may the glowing vital principles of air be for our good; may the all-pervading one and the nourishing one be for our well-being; may the cosmic waters be propitious to us; may the wind blow for our happiness.

II.15

प्रभात एवं पर्जन्य शान्तिकर हों

शं नो देवः सविता त्रायमाणः शं नो भवन्तूषसो विभातीः ।
शं नः पर्जन्यो भवतु प्रजाभ्यः शं नः क्षेत्रस्य पतिरस्तु शम्भुः ॥
– ऋग्वेद 7.35.10

सर्वोत्पादक, दिव्यगुणयुक्त सूर्य रक्षा करता हुआ हमारे लिए सुखदायी हो, जगमगाती हुई प्रभात वेलाएं हमें सुख देने वाली हों; वर्षा करने वाले मेघ हमारे लिए व हमारी प्रजाओं के लिए शान्तिप्रद हो, जगद्रूपी क्षेत्र का स्वामी, सब सुखों को देने वाला परमात्मा हमारे लिए शान्तिदायक हो।

May the dawn and clouds bring us well-being

śaṁ no devaḥ savitā trāyamāṇaḥ
śaṁ no bhavantūṣaso vibhātīḥ।
śaṁ naḥ parjanyo bhavatu prajābhyaḥ
śaṁ naḥ kṣetrasya patirastu śambhuḥ॥ – *Ṛ̥V* 7.35.10

May the divine refulgent sun, the saviour, be for our welfare; may the radiant dawns be propitious to us. May the clouds be propitious to our progeny; may the sovereign Lord of universe bless us for our good.

II.16

दिव्य, पार्थिव और जलीय पदार्थ शान्तिप्रद हों

शं नो देवा विश्वदेवा भवन्तु शं सरस्वती सह धीभिरस्तु।
शमभिषाचः शमु रातिषाचः शं नो दिव्याः पार्थिवाः शं नो अप्याः॥
– ऋग्वेद 7.35.11

सभी दिव्य शक्तियाँ हमारे लिए कल्याणप्रद हों, ज्ञान-विज्ञान देने वाली वेदवाणी उत्तम विचारों सहित हमारे लिए शान्तिदायक हो; पवित्र कर्म करने वाले जन हमें सुख देने वाले हों, विद्या-धनादि का दान करने वाले जन हमें शान्ति देने वाले हों, द्युलोक और पृथिवी के पदार्थ सुखदायक हों, जल में पैदा होने वाले पदार्थ हम सबके लिए शान्तिप्रद हों।

May the divine, earthly and watery powers be benign

śaṁ no devā viśvadevā bhavantu
śaṁ sarasvatī saha dhībhirastu।
śam abhiṣācaḥ śam u rātiṣācaḥ
śaṁ no divyāḥ pārthivāḥ śaṁ no apyāḥ॥ – *Ṛ̥V* 7.35.11

May all the divine and universal powers be for our happiness; may the divine speech, with holy thoughts, be gracious; may the persons assisting in our sacred works and those, who give liberally and large-heartedly, be conducive to our welfare; may all celestial, terrestrial and aquatic powers be for our good.

II.17

समुद्र, मेघ और विद्युत् शान्ति दें

शं नो अज एकपाद्देवो अस्तु शं नोऽहिर्बुध्न्यः शं समुद्रः ।
शं नो अपां नपात्पेरुरस्तु शं नः पृश्निर्भवतु देवगोपा ॥
– ऋग्वेद 7.35.13

अजन्मा, अपने एक अधिष्ठान पर समग्र विश्व को टिकाने वाला प्रकाशमय प्रभु हमारे लिए शान्तिदायक हो, सब मूल तत्त्वों का साधक समुद्र हमें सुखमय हो, अन्तरिक्ष में विचरने वाले मेघ हमारे लिए कल्याणकारी हों, जलों से जन्य विद्युत् व अग्नि तथा विविध रूपों और दिव्य तत्त्वों का रक्षक परमेश्वर हम सबके लिए शान्तिदायक हो ।

May the oceans, clouds and lightning be peaceful

śaṁ no aja ekapād devo astu
śaṁ no 'hirbudhnyaḥ śaṁ samudraḥ ।
śaṁ no apāṁ napāt perurastu
śaṁ naḥ pṛśnirbhavatu devagopā ॥ – *ṚV* 7.35.13

May the unborn Lord divine, the one-footed (in whose single support the entire universe can be situated) bless us for our welfare; may the clouds of mid-space confer happiness; may the cosmic oceans be for our happiness; may the heat and electricity, born of water, be gracious and may the mid-space and the sky, guarded by divine powers, be for our well-being.

II.18

सूर्य शान्तिदायक हो

शं नो भव चक्षसा शं नो अह्ना शं भानुना शं हिमा शं घृणेन।
यथा शमध्वञ्छमसद्दुरोणे तत्सूर्य द्रविणं धेहि चित्रम्॥
– ऋग्वेद 10.37.10

हे सूर्य! तू अपने तेज से हमारे लिए सुखकर हो, दिन में हमारे लिए कल्याणकारी हो, तू अपनी किरणों से, शीतलता से और उष्णता से हम सबके लिए सुखदायक हो।

(ऐसी कृपा कर) जिससे तू हमारे जीवन के मार्ग में और गृह में भी शान्तिप्रद हो, तू हमें वह श्रेष्ठतम ऐश्वर्य प्रदान कर (जिससे हम तेजस्वी बनें)।

May the sun be propitious for us all

śaṁ no bhava cakṣasā śaṁ no ahnā
śaṁ bhānunā śaṁ himā śaṁ ghṛṇena ।
yathā śamadhvañchamasadduroṇe
tatsūrya draviṇaṁ dhehi citram ।। – *Ṛ̥V* 10.37.10

O Sun! bless us with radiance and bless us with perfect sunshine, be propitious to us with warmth; may the frozen snow be propitious to us all.

Bestow on us the wealth of wondrous types, whereby we may prosper in our homes as well as outside.

II.19

वायु, सूर्य और वृष्टि शान्तिप्रद हों

शन्नो वातः पवताꣳ शन्नस्तपतु सूर्य्यः ।
शन्नः कनिक्रदद् देवः पर्जन्योऽअभिवर्षतु ॥ – *यजुर्वेद* 36.10

पवन हमारे लिए शान्तिप्रद बहे, सूर्य हमारे लिए सुखकारी तपे और गर्जनशील मेघ हमारे लिए सब ओर से शान्ति की वर्षा करे।

May the wind, the sun and rain be auspicious

śanno vātaḥ pavatāꣳ śannastapatu sūryyaḥ ।
śannaḥ kanikradad devaḥ parjanyo 'bhivarṣatu ।।
– *YV* 36.10

May the wind blow pleasantly for us; may the sun be pleasantly warm for us; and may the divine loud-thundering cloud send showers for our welfare.

II.20

दिवस और रात्रियाँ शान्तिप्रद हों

अहानि शम्भवन्तु नः शꣳ रात्रीः प्रति धीयताम्।
शन्न इन्द्राग्नी भवतामवोभिः शन्नऽइन्द्रावरुणा रातहव्या।
शन्न इन्द्रापूषणा वाजसातौ शमिन्द्रासोमा सुविताय शँयोः॥
– यजुर्वेद 36.11

दिन हमारे लिए सुखकारी हों, निशाएं हमें शान्ति देने वाली हों; विद्युत् व अग्नि रक्षण-सामग्री सहित हमारे लिए शान्तिप्रद हों, विद्युत् एवं जल हमारे लिए ग्रहण करने योग्य हों; विद्युत् और पोषणशीला पृथिवी हमारे लिए अन्नों के सेवनार्थ सुखदायी हो तथा विद्युत् और औषधियाँ रोगनाशक एवं निवर्त्तक हों, हम सबका कल्याण हो।

May the days and nights be gracious

ahāni śambhavantu naḥ śam̐ rātrīḥ prati dhīyatām ।
śanna indrāgnī bhavatāmavobhiḥ śanna'indrāvaruṇā rātahavyā ।
śanna indrāpūṣaṇā vājasātau śamindrāsomā suvitāya śam̐yoḥ ।।
– *YV* 36.11

May the days be pleasing to us; may the Lord make nights propitious for us. May the resplendent light and adorable heat be gracious to us with their protective measures; may the effulgent light and venerable water, satisfied with our oblations, be genial to us. May the luminous light and nourisher earth be effable to us in struggle; may the glorious light and blissful herbs be kind to us by urging us on right ways. May our diseases be cured and fears kept away.

II.21

अग्नि शान्तिप्रद हो

शमग्ने पश्चात्तप शं पुरस्ताच्छमुत्तराच्छमधरात्तपैनम् ।
एकस्त्रेधा विहितो जातवेदः सम्यगेनं धेहि सुकृतामु लोके ॥
– *अथर्ववेद* 18.4.11

हे अग्ने ! तू हम सबके पीछे से सुखपूर्वक तप और सामने से भी सुखद रूप में तप; ऊपर से और नीचे की दिशा से भी इस संसार को अच्छी प्रकार तपा।

हे सभी उत्पन्न पदार्थों में रहने वाली अग्नि,[3] तुम्हें एक होते हुए भी तीन प्रकार से (पूर्वाग्नि-आहवनीय अग्नि, गार्हपत्याग्नि और दक्षिणाग्नि के रूप में) स्थापित किया जाता है। इसको (स्तोता को) भली-भाँति श्रेष्ठ जनों के लोक में पहुँचा दो।

May the fire light happily for us

śamagne paścāttapa śaṁ purastācchamut-
tarācchamadharāttapainam ।
ekastredhā vihito jātavedaḥ samyagenaṁ
dhehi sukr̥tāmu loke ।। – *AV* 18.4.11

Light O Fire! happily behind us and happily in front of us; light the world happily above, happily below.

Being one, O Omniscient (Jātavedas)! and triply disposed (in the form of *pūrvāgni* (*āhavanīya*,[4] *gārhapatyāgni* and *dakṣiṇāgni*) you set the invoker properly in the higher region of the well-doers.

[3] The term *agni* has several connotations in Vedic language, the first and foremost of these being a pioneer or a leader: अग्रणीर्भवति।
– Vide *Nirukta* - 7.4.15

[4] योऽतिथीनां स आहवनीयो यो वेश्मनि स गार्हपत्यो यस्मिन् पचन्ति स दक्षिणाग्निः।
– *Atharvaveda* 9.6.30

II.22

अग्नि शान्तिपूर्वक तपे

शं तप माति तपो अग्ने मा तन्वं तपः ।
वनेषु शुष्मो अस्तु ते पृथिव्यामस्तु यद्वरः ॥ – *अथर्ववेद* 18.2.36

हे अग्नि ! तू शान्तिपूर्वक तप, अत्यधिक (उग्रता से) नहीं; शरीर को मत तपा। तेरा पराक्रम वनों में (प्रकट) हो, पृथिवी पर तेरी (ग्राह्य) वरणशीलता (प्रसृत) हो।

May the Fire be propitious for us all

śaṁ tapa māti tapo agne mā tanvaṁ tapaḥ ।
vaneṣu śuṣmo astu te pṛthivyāmastu yadvaraḥ ।।
– *AV* 18.2.36

O Fire (Agni)! May you light propitiously, do not light evermuch; do not burn the body, your vehemence be in the woods; on the earth be what is thy (benign) receptivity.

II.23

भूमि और गायें शान्तिप्रद हों

शं नो भूमिर्वेप्यमाना शमुल्का निर्हतं च यत्।
शं गावो लोहितक्षीराः शं भूमिरवतीर्यतीः॥ – *अथर्ववेद* 19.9.8

भूचाल के समय काँपती/थरथराती हुई भूमि हमें शान्ति दे, गिरी हुई उल्का हमारे लिए शान्तिदायक हो।

रक्तवर्धक दूध देने वाली गायें हम सबको शान्ति दें, धँसती हुई धरती भी हमारे लिए शान्तिप्रद हो।

May the earth and cows be peaceful

śaṁ no bhūmirvepyamānā śamulkā nirhataṁ ca yat ।
śaṁ gāvo lohitakṣīrāḥ śaṁ bhūmiravatīryatīḥ ।। – *AV* 19.9.8

May the tremulous earth be gracious to us, gracious be the nether that strikes (the earth); gracious be the cows yielding milk which increases red blood; gracious be the earth cleaving apart.

II.24

उत्पात शान्तिदायक हों

शं नो मित्रः शं वरुणः शं विवस्वाञ्छमन्तकः।
उत्पाताः पार्थिवान्तरिक्षाः शं नो दिविचरा ग्रहाः॥
– *अथर्ववेद* 19.9.7

मित्र (सूर्य) हम सबको शान्ति प्रदान करे, वरुण हमें शान्ति दे, देदीप्यमान विवस्वान् (प्रकाशक) हमारे लिए शान्तिदायक हो, अन्तक (सब कुछ समाप्त करने वाला संहारक) देव हमारे लिए शान्तिप्रद हो।

पृथिवी और अन्तरिक्ष में होने वाले उत्पात एवं द्युलोक में सञ्चरण करने वाले ग्रह-नक्षत्र हमें शान्ति दें।

May the disturbances be peaceful

śaṁ no mitraḥ śaṁ varuṇaḥ śaṁ vivasvāñchamantakaḥ ।
utpātāḥ pārthivāntarikṣāḥ śaṁ no divicarā grahāḥ ।।
– *AV* 19.9.7

May the friendly Lord (Mitra) be peace-giving to us; peace-giving be the venerable Lord (Varuṇa); peace-giving be the brilliant Lord (Vivasvān) and the destroyer Lord (Antaka).

May the disturbances on earth, in the mid-space and the planets moving in space be peace-giving to us all.

II.25

सङ्कट शान्तिदायक हों

नक्षत्रमुल्काभिहतं शमस्तु नः शं नोऽभिचाराः शमु सन्तु कृत्याः।
शं नो निखाता वल्गाः शमुल्का देशोपसर्गा शमु नो भवन्तु॥
– *अथर्ववेद* 19.9.9

उल्का के द्वारा फेंका गया नक्षत्र हमें शान्ति दे, शत्रु का आक्रमण भी हमारे लिए शान्तिप्रद हो, घातक क्रियाएं हमारे लिए शान्तिदायक हों।

गड्ढे हमारे लिए शान्ति देने वाले हों, हिंसा के कार्य भी हमें शान्ति दें, देश में उपद्रव मचाने वाले उल्कापात आदि सङ्कट हमारे लिए शान्ति देने वाले हों।

May the disasters be benign for us

nakṣatramulkābhihataṁ śamastu naḥ
śaṁ no 'bhicārāḥ śamu santu kṛtyāḥ ।
śaṁ no nikhātā valgāḥ śamulkā
deśopasargā śamu no bhavantu ।। – *AV* 19.9.9

May the meteor-hit constellation be gracious to us; gracious be the malevolent designs (of foes); gracious be the injurious actions (of enemies).

May the harmful devices hurled secretly be gracious to us; gracious be the meteors and may the calamities befalling the land be gracious.

II.26

औषधियाँ शान्ति दें

शं नो द्यावापृथिवी पूर्वहूतौ शमन्तरिक्षं दृशये नो अस्तु।
शं न ओषधीर्वनिनो भवन्तु शं नो रजसस्पतिरस्तु जिष्णुः॥ – ऋग्वेद 7.35.5

पहले से स्तुति किए जाते हुए द्युलोक और पृथिवीलोक हमारे लिए शान्तिदायक हों, अन्तरिक्ष हमारी नेत्र-ज्योति के लिए शान्ति देने वाला हो; औषधियाँ-अन्नादि और वन्य-पदार्थ हमारे लिए शान्तिकारक हों, जगत् का स्वामी जयशील परमेश्वर हमें सदा शान्ति प्रदान करे।

May the herbs be for our happiness

śaṁ no dyāvāpṛthivī pūrvahūtau
śam antarikṣaṁ dṛśaye no astu।
śaṁ na oṣadhīrvanino bhavantu
śaṁ no rajasaspatirastu jiṣṇuḥ॥ – *ṚV* 7.35.5

May the heaven and the earth, invoked from the earliest times, be for our well-being; may the mid-space be for our good with its charming appearance. May the herbs and the forest trees be for our welfare, may the victorious Lord of the distant regions, be favourable to our felicity.

II.27

चन्द्र तथा औषधियाँ शान्तिप्रद हों

शं नः सोमो भवतु ब्रह्म शं नः शं नो ग्रावाणः शमु सन्तु यज्ञाः।
शं नः स्वरूणां मितयो भवन्तु शं नः प्रस्वः शम्वस्तु वेदिः॥
– ऋग्वेद 7.35.7

सोमस्वरूप चन्द्र हमारे लिए सुखदायक हो, दिव्य शक्तियों की स्तुतियाँ हम सबके लिए सुखकारी हों, मेघ सुखदायी हों, पवित्र कर्म हमारे लिए शान्तिप्रद हों: यज्ञ-वेदी के स्तम्भ का परिमाण हमारे लिए सुखदायक हो, औषधियां हमें कल्याण देने वाली हों तथा यज्ञ-वेदी हमारे लिए शान्तिदायक हो।

May the moon and herbs bring us peace

śaṁ naḥ somo bhavatu brahma śaṁ naḥ
śaṁ no grāvāṇaḥ śam u santu yajñāḥ।
śaṁ naḥ svarūṇāṁ mitayo bhavantu
śaṁ naḥ prasvaḥ śamvastu vediḥ।। – *R̥V* 7.35.7

May the moon be a source of our happiness; may the invocations to divine forces promote our prosperity; may the clouds be a source of our well-being. May the sacred work and worship be a source of our welfare, may the measured lengths of the pillars of ceremonial hall be conducive to our felicity; may the well-grown herbs be for our good; may the altar be raised for our fortune.

II.28

पितर एवं पशु शान्ति दें

शं नः सत्यस्य पतयो भवन्तु शं नो अर्वन्तः शमु सन्तु गावः।
शं न ऋभवः सुकृतः सुहस्ताः शं नो भवन्तु पितरो हवेषु॥
– ऋग्वेद 7.35.12

सत्य के पालन करने वाले दिव्यजन हमारे लिए शान्तिदायक हों, उत्तम घोड़े और गायें हमारे लिए सुखदायी हों, श्रेष्ठ बुद्धि वाले, बड़े-बड़े काम करने वाले व हस्तक्रिया में चतुर जन हमारे लिए शान्ति देने वाले हों, यज्ञादि उत्तमोत्तम कार्यों में रक्षक माता-पिता आदि गुरुजन हमारे लिए शान्तिप्रद हों।

May the forefathers and cattle be kind to us

śaṁ naḥ satyasya patayo bhavantu
śaṁ no arvantaḥ śam u santu gāvaḥ।
śaṁ na ṛbhavaḥ sukṛtaḥ suhastāḥ
śaṁ no bhavantu pitaro haveṣu॥ – *Ṛ̥V* 7.35.12

May the sustainers of eternal truths be propitious to our happiness; may the horses and the cattle contribute to our well-being; may the virtuous, the dextrous persons of experience and wisdom confer felicity to us; may the senior sages be kind to us and respond to our invocations in rituals and ceremonies.

II.29

पशुओं, मनुष्यों और औषधियों का कल्याण हो

स नः पवस्व शं गवे शं जनाय शमर्वते।
शं राजन्नोषधीभ्यः ॥ – ऋग्वेद 9.11.3

हे सर्वत्र प्रकाशमान् परमेश्वर! आप हमारे दूध देने वाले गाय आदि पशुओं के लिए सुखकर हों, मनुष्यमात्र के लिए सुखदायी हों, सवारी में काम आने वाले घोड़े आदि पशुओं के लिए सुख दें तथा अन्नादि औषधियों को सामर्थ्य प्रदान करें।

May the cattle, people and herbs be peaceful

sa naḥ pavasva śaṁ gave śaṁ janāya śamarvate ।
śaṁ rājannoṣadhībhyaḥ ।। – *R̥V* 9.11.3

O Radiant Divine Lord! may you grant health and happiness to our people, happiness to our cattle and horses and long life to our herbal plants.

II.30

मनुष्य एवं पशु-पक्षी शान्त रहें

इन्द्रो विश्वस्य राजति।
शन्नोऽअस्तु द्विपदे शं चतुष्पदे॥ – *यजुर्वेद* 36.8

वह प्रकाशवान सूर्य सारे जगत् के स्वामी रूप में विराजमान है। उसकी कृपा से द्विपाद पक्षी एवं मनुष्यादि तथा चतुष्पाद गौ आदि प्राणियों का कल्याण हो।

May the bipeds and quadrupeds be at peace

indro viśvasya rājati।
śanno 'astu dvipade śaṁ catuṣpade॥ – *YV* 36.8

The resplendent sun illuminates the universe. May he be gracious to us all – the bipeds as well as the quadrupeds.

II.31

मेरा मन शुभ सङ्कल्प वाला हो

यज्जाग्रतो दूरमुदैति दैवं तदु सुप्तस्य तथैवैति।
दूरङ्गमं ज्योतिषां ज्योतिरेकं **तन्मे मनः शिवसङ्कल्पमस्तु** ॥
– यजुर्वेद 34.1

जो जाग्रत अवस्था में दूर-दूर गति करता है, दिव्य गुणयुक्त रहता है, सोते हुए वही मेरा मन[5] सुषुप्ति को प्राप्त होता है और दूर-दूर जाने का व्यवहार करता है; प्रकाशकों का एकमात्र प्रकाशक (ज्योति) वह मेरा मन अपने तथा दूसरे प्राणियों के लिए शुभ सङ्कल्प वाला हो यानि कभी किसी का अहित करने की इच्छा वाला न हो।

May my mind have noble intentions

yajjāgrato dūramudaiti daivaṁ tadu suptasya tathaivaiti ।
dūraṅgamaṁ jyotiṣāṁ jyotirekaṁ tanme manaḥ śivasaṅkalpamastu ।।
– *YV* 34.1

The mind,[6] which is endowed with divine virtues, moves far and high in the waking state, that of a person asleep moves in the same way; racing far and wide, and the sole enlightener of all lights, may that mind of mine be always guided by the best of intentions.

---

5 मनुष्य का मन ही शान्ति का स्रोत है; यदि व्यक्ति का मन शान्त नहीं है तो विश्व में शान्ति की सम्भावना नहीं हो सकती। इसीलिए आगामी छह मन्त्रों में स्रोता स्वयं अपने मन में शिवसङ्कल्प (= सद्भावना) हेतु प्रार्थना कर रहा है।

6 *Manas* (Mind) is the source of peace; if there is no peace within the mind of an individual, then there is no possibility of peace in the world. Hence the next six verses aspire for goodwill within one's own mind.

II.32

मेरा मन शुभ सङ्कल्प वाला हो

येन कर्माण्यपसो मनीषिणो यज्ञे कृण्वन्ति विदथेषु धीराः।
यदपूर्वं यक्षमन्तः प्रजानां **तन्मे मनः शिवसङ्कल्पमस्तु** ॥
– यजुर्वेद 34.2

जिसके द्वारा कर्त्तव्यपरायण, धैर्ययुक्त विद्वान् तथा मन से संसक्त जन, यज्ञ और युद्धादि में कर्मों को करते हैं; जो अपूर्व सामर्थ्य वाला, विलक्षण, अद्भुत, अत्यन्त पूजनीय, प्रजाओं के भीतर रहने वाला है, वह मेरा मन मङ्गल सङ्कल्प वाला हो यानि अशुभ को सर्वथा छोड़ दे।

May my mind be endowed with noble intentions

yena karmāṇyapaso manīṣiṇo yajñe
kṛṇvanti vidatheṣu dhīrāḥ ।
yadapūrvaṁ yakṣamantaḥ prajānāṁ
tanme manaḥ śivasaṅkalpamastu ।। – *YV* 34.2

Whereby the wise and talented ones perform their duties in assemblies and the active ones at sacrifices; which is the foremost motivating spirit embedded within all the creatures, may that mind of mine be always guided by the best of intentions.

II.33

मेरा मन शुभ सङ्कल्प वाला हो

यत्प्रज्ञानमुत चेतो धृतिश्च यज्ज्योतिरन्तरमृतं प्रजासु।
यस्मान्न ऋते किञ्चन कर्म क्रियते **तन्मे मनः शिवसङ्कल्पमस्तु** ॥
– यजुर्वेद 34.3

जो मन उत्कृष्ट ज्ञान का साधन और सबको चेताने वाला तथा धैर्ययुक्त वृत्ति वाला है, जो लोगों के भीतर प्रकाशयुक्त और नाशरहित है; जिसके बिना कोई कुछ भी कर्म नहीं कर सकता, वह मेरा मन सदा शुभ सङ्कल्प वाला हो।

May my mind be guided by noble intentions

yatprajñānamuta ceto dhṛtiśca
yajjyotirantaramṛtaṁ prajāsu ।
yasmānna ṛte kiñcana karma kriyate
tanme manaḥ śivasaṅkalpamastu ।। – *YV* 34.3

The mind, which is the knowledge supreme, the awareness as well as the resolution, and which is the immortal light embedded within all the creatures; without which no action whatsoever is performed, may that mind of mine be always guided by the best of intentions.

II.34

मेरा मन शुभ सङ्कल्प वाला हो

येनेदं भूतं भुवनं भविष्यत् परिगृहीतममृतेन सर्वम्।
येन यज्ञस्तायते सप्तहोता **तन्मे मनः शिवसङ्कल्पमस्तु** ॥
– यजुर्वेद 34.4

जिस मन से योगीजन भूत, वर्तमान और भविष्य इन सब व्यवहारों को जानते हैं; जो सब ओर से अमृत से घिरा है। जिस मन के द्वारा सात होता – यानि पाँच ज्ञानेन्द्रियां, बुद्धि और आत्मा – कल्याणकारी कर्म (यज्ञादि) को बढ़ाते हैं, वह मेरा मन शुभ सङ्कल्प वाला हो।

May my mind have noble intentions

yenedaṁ bhūtaṁ bhuvanaṁ bhaviṣyat
parigr̥hītamamr̥tena sarvam ।
yena yajñastāyate saptahotā
tanme manaḥ śivasaṅkalpamastu ।। – *YV* 34.4

Wherewith the immortal one, all that ever existed, all that at present exists and all that will ever exist in future is comprehended; wherewith the ritual act with seven priests (five sense organs, intellect and the self) is accomplished, may that mind of mine be always guided by the best of intentions.

II.35

मेरा मन शुभ सङ्कल्प वाला हो

यस्मिन्नृचः साम यजूꣳषि यस्मिन् प्रतिष्ठिता रथनाभाविवाराः ।
यस्मिँश्चित्तꣳ सर्वमोतं प्रजानां **तन्मे मनः शिवसङ्कल्पमस्तु** ॥
– यजुर्वेद 34.5

जिस मेरे मन में ऋचाएं, यजुष् और साम वैसे ही प्रतिष्ठित हैं, जैसे रथ की नाभि में अरे रहते हैं; जिसमें सर्वज्ञ, चेतन तत्त्व ओतप्रोत है, वह मेरा मन शुभ सङ्कल्प वाला हो।

May my mind have noble intentions

yasminnṛcaḥ sāma yajūꣳṣi yasmin
pratiṣṭhitā rathanābhāvivārāḥ ।
yasmim̐ścittam̐ sarvamotaṁ prajānāṁ
tanme manaḥ śivasaṅkalpamastu ।। – *YV* 34.5

Wherein the *ṛk*s (invocatory verses), the *sāman*s (lyrics) and the *yajuḥ*s (sacrificial formulae) are well placed like spokes in the navel of a wheel; wherein the thought of all the creatures is woven like a warf, may that mind of mine be always guided by the best of intentions.

II.36

मेरा मन शुभ सङ्कल्प वाला हो

सुषारथिरश्वानिव यन्मनुष्यान् नेनीयतेऽभीशुभिर्वाजिनऽइव।
हृत्प्रतिष्ठं यदजिरं जविष्ठं **तन्मे मनः शिवसङ्कल्पमस्तु** ॥
– यजुर्वेद 34.6

जैसे घोड़ों का नियन्ता लगाम से घोड़ों को नियमित करता है वैसे ही जो मन सारथि की भाँति लोगों को इधर-उधर ले जाता है; जो हृदय में प्रतिष्ठित, वृद्धादि अवस्था से रहित और सर्वाधिक वेगशाली है, वह मेरा मन शिव सङ्कल्प वाला हो।

May my mind have noble intentions

suṣārathiraśvāniva yanmanuṣyān
nenīyate 'bhīśubhirvājina 'iva ।
hṛtpratiṣṭhaṁ yadajiraṁ javiṣṭhaṁ
tanme manaḥ śiva-saṅkalpamastu ।। – *YV* 34.6

Which has speedy horses and like a skilful charioteer, leads and controls human beings as if holding them by the reins, which is well placed within the heart, which is free from decay – may that mind of mine be always guided by the best of intentions.

3

स्वस्ति
Well-being

स्वस्ति

वैदिक चिन्तन सर्वथा स्वस्थ, सकारात्मक एवं आशावादी दृष्टिकोण का प्रतिबिम्बन करता है। इसलिए मात्र शान्ति नहीं अपितु शुभ, मङ्गल, भद्र, एवं स्वस्ति (सु + अस्ति) के भाव भी वेद मन्त्रों में भरे पड़े हैं। पवित्रता एवं कल्याण की भावना वेदमन्त्रों के साथ इतनी घनिष्ठता से आबद्ध है कि केवल उनके उच्चारण से ही सौभाग्य का सञ्चार होने लगता है, फिर उनमें सन्निहित मङ्गल कामनाओं के प्रभाव की कल्पना तो सर्वथा विलक्षण है।

यही कारण है कि आज भी भारतवर्ष के अधिसङ्ख्य निवासियों के जन्म से पूर्व ही प्रारम्भ कर प्रायः सभी संस्कारों में इन स्वस्तिवाचक वैदिक मन्त्रों का पाठ अनिवार्यतः होता है जिनमें ऐसी मङ्गल-कामना अभिन्न रूप से अनुस्यूत है कि दिन-रात, सुबह-शाम, सूर्य-चन्द्र, घर-कार्यालय सर्वत्र मङ्गल का प्रसार हो। हम सदा शुभ शब्दों का श्रवण करें, अच्छे दृश्यों को देखें और सदा स्वस्थ रहते हुए पूर्ण आयु बिताएं –

भद्रं कर्णेभिः शृणुयाम देवाः। – ऋ० 1.89.8

वैदिक जीवन-दृष्टि उल्लास एवं विश्वास पर आधृत है। स्तोता/आराधक परम प्रभु एवं अन्य सभी दिव्य शक्तियों से श्रद्धापूर्वक यही प्रार्थना करते परिलक्षित होते हैं कि हमारा जीवन सुख, समृद्धि एवं स्वास्थ्य से भरपूर रहे –

स्वस्ति न इन्द्रो वृद्धश्रवाः स्वस्ति नः पूषा विश्ववेदाः ।
स्वस्ति नस्तार्क्ष्यो अरिष्टनेमिः स्वस्ति नो बृहस्पतिर्दधातु ॥
– ऋ० 1.89.6

ऐसे मोद, आमोद, आरोग्य और दीर्घायु के प्रार्थी मानव किसी प्रकार के विषाद-विकार के शिकार कैसे हो सकते हैं, वे तो सर्वथा निर्भय होकर अभय की छत्र-छाया में जीवन व्यतीत करने की ऐसी आस्पृहा रखते हैं जो आज के तथाकथित प्रगतिशील विश्व के लिए स्पृहणीय है –

अभयं नः करत्यन्तरिक्षम् अभयं द्यावापृथिवी उभे इमे ।
अभयं पश्चादभयं पुरस्तादुत्तरादधरादभयं नो अस्तु ।
– *अथर्व०* 19.15.5

Well-being

Vedic view reflects a healthy and optimistic outlook. Therefore it is not just peace but also auspicious, propitious and felicitous aspects in life that are being aspired for. The ideas of good fortune are so closely connected with the verses of Veda that just by recitation of these words the vibrations of hope and positivity start resonating, what to talk of their influence as favourable sounds for fulfilling beneficial desires and prayers.

It is therefore that even today most of the Indians' (Vedic Hindus') sacraments begin with Vedic invocations even before they are born. All the religious rituals are performed with the singing of Vedic verses. These are prayers for happy and hopeful days and nights, dawn and dusks, sun and moon, home and workplace, desires for hearing good words, looking at good sights and healthy long lives for all:

bhadraṁ karṇebhiḥ śṛṇuyāma devaḥ – *ṚV* 1.89.8

Vedic view of life is rooted in robust faith and positivity. Therefore the devotees keep praying to the divine forces for good luck, abundant riches and joyful life:

svasti na indro vṛddhaśravaḥ svasti naḥ pūṣā viśvavedaḥ ।
svasti nastārkṣyo 'ariṣṭanemiḥ svasti no bṛhaspatirdadhātu ।।
– *ṚV* 1.89.6

How can there be any shade of depression and dejection in the lives of people who are full of zealous dynamism and are free of diseases; they are devoid of fear and live an adorable life which is even rare for the so-called advanced human beings of today:

abhayaṁ naḥ karatyantarikṣam-
abhayaṁ dyāvāpṛthivī ubhe ime ।
abhayaṁ paścādabhayaṁ purastād-
uttarādadharādabhayaṁ no astu ।।
– *AV* 19.15.5

III.1

सर्वत्र अभय हो

अभयं द्यावापृथिवी इहास्तु नोऽभयं सोमः सविता नो कृणोतु।
अभयं नोऽस्तूर्वन्तरिक्षं सप्तऋषीणां च हविषाभयं नो अस्तु॥
– *अथर्ववेद* 6.40.1

हे द्युलोक एवं पृथिवीलोक (द्यावापृथिवी–युगल देवता), यहाँ हमारे लिए अभय हो, सोम और सविता हमारे लिए निर्भयता दें, यह विशाल अन्तरिक्ष हमारे लिए अभयदायी हो तथा सप्त ऋषियों की हवि से हमारे लिए अभय हो!

May there be no fear anywhere

abhayaṁ dyāvāpr̥thivī ihāstu no
'bhayaṁ somaḥ savitā no kr̥ṇotu ।
abhayaṁ no 'stūrvantarikṣaṁ sapta r̥ṣīṇāṁ
ca haviṣābhayaṁ no astu ।। – *AV* 6.40.1

O Heaven and Earth! may there be freedom from fear here, may the blissful Lord (moon) and the inspirer Lord (sun) grant us freedom from fear.

May the vast mid-space be free from fear for us; and may there be freedom from fear to us with the oblations of the seven seers.

III.2

सर्वत्र सुख एवं समृद्धि हो

स्वस्ति नः पथ्यासु धन्वसु स्वस्त्य१प्सु वृजने स्वर्वति ।
स्वस्ति नः पुत्रकृथेषु योनिषु स्वस्ति राये मरुतो दधातन ॥
– ऋग्वेद 10.63.15

हे वायु की भाँति गतिशील दिव्य शक्तियों! ऐसे सन्मार्ग पर चलाओ कि प्रभु-कृपा से हम सब जल वाले स्थलों व मरुस्थलों में तथा विकट सङ्ग्रामों में सफल हों तथा माता के गर्भ में पल रहे पुत्र-पुत्रियों के जन्म सुखद हों। हम सब उत्तम धनादि की प्राप्ति हेतु सफलता-सुख प्राप्त करें।

May there be well-being and prosperity everywhere

svasti naḥ pathyāsu dhanvasu
svastyapsu vṛjane svarvati ।
svasti naḥ putrakṛtheṣu yoniṣu
svasti rāye maruto dadhātana ।। – *ṚV* 10.63.15

O Vital Principles! may we have security and safe trips on our roads across the deserts. May we have safe sails on our waterways, even in the hostile surroundings. May there be well-being for the embryos developing in their mothers' wombs for their safe delivery; may there be abundant acquisition of riches for our well-being.

III.3

सबका मङ्गल हो

स्वस्ति नो अस्त्वभयं नो अस्तु नमोऽहोरात्राभ्यामस्तु ॥
– *अथर्ववेद* 19.8.7

हम सबके लिए मङ्गल हो, अभय हो; दिवस और रात्रि के लिए हमारा नमन हो।

May all be happy

svasti no astvabhayaṁ no astu namo 'horātrābhyāmastu ||
– *AV* 19.8.7

May there be well-being for us all; may there be freedom from fear for us. Homage be to day and night.

III.4

सब ओर से शुभ विचार आते रहें

आ नो भद्राः क्रतवो यन्तु विश्वतोऽदब्धासोऽपरीतासऽउद्भिदः।
देवा नो यथा सदमिद्वृधेऽसन्नप्रायुवो रक्षितारो दिवेदिवे॥
– यजुर्वेद 25.14

पवित्र, सुखद एवं उत्कर्षाधायक शुभ विचार एवं शुभ कर्म सब ओर से निर्विघ्न हमारे पास आते चले जाएं। सर्वोत्तम, दुःखनाशक दिव्य शक्तियाँ सर्वदा सब कृत्यों में हम सबकी वृद्धि के लिए प्रतिदिन रक्षक बनी रहें।

May noble thoughts keep coming from all sides

ā no bhadrāḥ kratavo yantu viśvato
'dabdhāso 'parītāsa 'udbhidaḥ ।
devā no yathā sadamidvṛdhe
'sannaprāyuvo rakṣitāro divedive ।। – *YV* 25.14

May noble thoughts keep coming to us from all sides, and such auspicious, never-failing and elevating deeds, as are done without compulsion, be accomplished by us in all spheres of activity. May the divine powers grant us protection, day after day, without any obstruction in our progress.

III.5

प्रभु कल्याण करें

स्वस्ति मित्रावरुणा स्वस्ति पथ्ये रेवति।
स्वस्ति न इन्द्रश्चाग्निश्च स्वस्ति नो अदिते कृधि॥ – ऋग्वेद 5.51.14

मित्र और वरुण यानि प्राण और उदान वायु[1] हमारे लिए सुखकर हों, धनयुक्त आकाशीय मार्ग हमें सुख देने वाले हों। इन्द्र और अग्नि अर्थात् वायु और विद्युत् हमारा कल्याण करें; हे अखण्डित ज्ञानमय परमेश्वर! हमारा सदा कल्याण करो।

May the Lord bless us

svasti mitrāvaruṇā svasti pathye revati ।
svasti na indraścāgniśca svasti no adite kṛdhi ।। – *ṚV* 5.51.14

May the Lord of vital air and bliss grant us luck; may the guiding spirit of firmament, full of riches, grant us good. May the adorable and resplendent Lord bless us. O the Spirit of indivisible knowledge! bestow wellness upon us.

---

1 मित्रावरुणा (प्राणोदानौ), दयानन्द सरस्वती, ऋग्वेद-भाष्यम्, सप्तम भाग, पृ॰ 400, अजमेर, विक्रम संवत् 2056.

III.6

परम प्रभु कृपा करें

भरेष्विन्द्रं सुहवं हवामहेंऽहोमुचं सुकृतं दैव्यं जनम।
अग्निं मित्रं वरुणं सातये भगं द्यावापृथिवी मरुतः स्वस्तये॥
– ऋग्वेद 10.63.9

जीवन-सङ्ग्रामों में परम ऐश्वर्य वाले, सहज में पुकारने योग्य, पाप से छुड़ाने वाले, सुकर्मी, विद्वज्जनों के हितकारी, समस्त संसार के उत्पादक, ज्ञानस्वरूप ईश्वर का हम सब सम्मानपूर्वक आत्म-रक्षा एवं कल्याण के लिए आह्वान करते हैं जिससे कि पृथिवी, अन्तरिक्ष और वायु हमारे लिए कल्याणकारी हों।

May the resplendent Lord be gracious to us

bhareṣvindraṁ suhavaṁ havāmaheṁ
'homucaṁ sukṛtaṁ daivyaṁ janam ।
agniṁ mitraṁ varuṇaṁ sātaye
bhagaṁ dyāvāpṛthivī marutaḥ svastaye ।। – *ṚV* 10.63.9

In our struggles of life, we invoke our Lord (who is known by so many attributive names as) the resplendent one, the deliverer from sin, the virtuous, the divine, the creator, the adorable, the friendly, the venerable and the gracious one. We invoke Him and the heaven, earth and air for the acquisition of food and facility for our overall well-being.

III.7

पोषक प्रभु रक्षक हों

तमीशानं जगतस्तस्थुषस्पतिं धियञ्जिन्वमवसे हूमहे वयम्।
पूषा नो यथा वेदसामसद्वृधे रक्षिता पायुरदब्धः स्वस्तये॥
– यजुर्वेद 25.18

चर और अचर जगत् के सर्वोच्च स्वामी, बुद्धि को सुमार्ग की ओर प्रेरित करने वाले परमात्मा को हम अपनी रक्षा के लिए पुकारते हैं जिससे वह पोषक प्रभु हमारे ज्ञान व धन की वृद्धि और समृद्धि के लिए सदा हम सबकी रक्षा करे।

May the nourisher Lord guard us all

tamīśānaṁ jagatastasthuṣaspatiṁ
dhiyañjinvamavase hūmahe vayam ।
pūṣā no yathā vedasāmasadvṛdhe
rakṣitā pāyuradabdhaḥ svastaye ।। – *YV* 25.18

We invoke that sovereign Lord of all that stands or moves, and the inspirer of wisdom for our protection. He is a nourisher and has ever been the defender and promoter of our fortune. May He continue to be an abiding guardian for our well-being.

III.8

दिव्य शक्तियाँ मङ्गल करें

येभ्यो होत्रां प्रथमामायेजे मनुः समिद्धाग्निर्मनसा सप्त होतृभिः।
त आदित्या अभयं शर्म यच्छत सुगा नः कर्त सुपथा स्वस्तये॥
– ऋग्वेद 10.63.7

जिनके लिए ज्ञानस्वरूप परमेश्वर ने प्रथमशः यज्ञ को करने हेतु प्रेरणा प्रदान की है तथा मन के साथ सात इन्द्रियाँ दी हैं वे ही सर्वप्रथम आहुति देते हैं। ऐसी हे प्रकाशक दिव्य शक्तियों! हम तुम्हारी स्तुति करते हैं। हमें अभय प्रदान करो और हम सबको सुमार्ग पर ले जाकर सुखी बनाओ।

May the illustrious ones bring us happiness

yebhyo hotrāṁ prathamāmāyeje manuḥ
samiddhāgnirmanasā sapta hotṛbhiḥ ।
ta ādityā abhayaṁ śarma yacchata
sugā naḥ karta supathā svastaye ।। – *ṚV* 10.63.7

May those illustrious ones, whose minds have been enkindled with the fire of spirituality and who are associated with seven indwelling divine forces within the body, offer the first oblation. We invoke you all, the illustrious ones! for bestowing upon us fortune free from fear; providing pleasant and easy to travel paths for our well-being.

III.9

दिव्य शक्तियों का साहचर्य मिलता रहे

देवानां भद्रा सुमतिर्ऋजूयतां देवानाꣳ रातिरभि नो निवर्तताम्।
देवानाꣳ सख्यमुपसेदिमा वयं देवा नऽआयुः प्रतिरन्तु जीवसे॥
– यजुर्वेद 25.15

मङ्गल कार्य करने वाली दिव्य शक्तियों जैसी और श्रेष्ठ बुद्धि हमें प्राप्त हो और उन देवों के विद्यादि गुण हमें सुलभ हों। उन दानशील दिव्य जनों का मित्र-भाव हमें सदा मिलता रहे, जिससे वे हमारी आयु को दीर्घकाल तक सुखपूर्वक जीने के लिए बढ़ाएं।

May the divine powers bless us all

devānāṁ bhadrā sumatirṛjūyatāṁ
devānāꣳ rātirabhi no nivartatām ।
devānāꣳ sakhyamupasedimā vayaṁ
devā na 'āyuḥ pratirantu jīvase ।। – *YV* 25.15

May the benevolent wisdom of the straightforward sages be ours. May generosity of godly powers and their friendship descend on us. May they grant us long life so that we may live well.

III.10

सब दिव्य शक्तियाँ मङ्गल करें

स्वस्ति नऽइन्द्रो वृद्धश्रवाः स्वस्ति नः पूषा विश्ववेदाः ।
स्वस्ति नस्तार्क्ष्योऽरिष्टनेमिः स्वस्ति नो बृहस्पतिर्दधातु ॥
– यजुर्वेद 25.19

अतुल यशस्वी, परमैश्वर्यवान् प्रभु हम सबको कल्याण प्रदान करे। पुष्टिकर्ता, सर्वज्ञ ईश्वर हमारे ऊपर मङ्गल की वृष्टि करे। तेजस्वी, दुःखहर्ता परमेश्वर हमें आनन्द दे। विशाल विश्व का पति परमात्मा हम सबके लिए कल्याणकारी हो।

May the divine powers bless us

svasti na 'indro vṛddhaśravāḥ svasti naḥ pūṣā viśvavedāḥ ।
svasti nastārkṣyo 'ariṣṭanemiḥ svasti no bṛhaspatirdadhātu ।।
– *YV* 25.19

May the widely respected, resplendent Lord guard our welfare. May the omniscient nourisher grant us well-being. May the creator of the cyclic universe ceaselessly bestow good luck on us. May the sovereign protector, with unblemished weapons, sustain us for our prosperity.

III.11

दिव्य शक्तियाँ कल्याण करें

स्वस्ति नो मिमीतामश्विना भगः स्वस्ति देव्यदितिरनर्वणः ।
स्वस्ति पूषा असुरो दधातु नः स्वस्ति द्यावापृथिवी सुचेतुना ॥
– ऋग्वेद 5.51.11

युगल देव अश्विनीकुमार, यानि दिन और रात्रि,[2] हमारा कल्याण करें। अखण्डित प्रकाश वाली दिव्य विद्युत् हम लोगों का कल्याण करे। पुष्टिकारक अन्न-दुग्धादि पदार्थ तथा प्राणों को बल देने वाले मेघादि हमें कल्याण देने वाले हों। द्यौ तथा पृथिवी उत्तम सामर्थ्य से हमारे लिए कल्याणकारी हों।

May the divine forces be gracious to us

svasti no mimītāmaśvinā bhagaḥ
svasti devyaditiranarvaṇaḥ ।
svasti pūṣā asuro dadhātu naḥ
svasti dyāvāpṛthivī sucetunā ।। – *Ṛ V* 5.51.11

May the pair of twin divines, day and night, the gracious Lord in the form of divine eternity, contribute to our prosperity. May the irresistible sun, the scatterer of light and the dispenser of darkness, bestow upon us well-being. May the most vital heaven and earth vouch us safe for happiness.

---

[2] *Nirukta* 12.01.02

III.12

देवजन रक्षक हों

विश्वे देवा नो अद्या स्वस्तये वैश्वानरो वसुरग्निः स्वस्तये।
देवा अवन्त्वृभवः स्वस्तये स्वस्ति नो रुद्रः पात्वंहसः ॥
– ऋग्वेद 5.51.13

आज सब दिव्य शक्तियाँ हमारे कल्याण के लिए हों। सब मनुष्यों में वर्तमान, सर्वव्यापक, प्रकाशस्वरूप परमात्मा हमारा कल्याण करे। मेधावी देवजन सुख के लिए हमारी रक्षा करें। दुष्टों को दण्ड देने वाले रुद्ररूप प्रभु हमें पापों से सदा दूर रखें, जिससे हमारा कल्याण हो।

May the divine forces protect us all

viśve devā no adyā svastaye
vaiśvānaro vasuragniḥ svastaye ।
devā avantvr̥bhavaḥ svastaye
svasti no rudraḥ pātvaṁhasaḥ ।। – *R̥V* 5.51.13

May all the divine powers be with us today for our success; may the divine fire, the benefactor of all human beings and indwelling in everything, be with us for our welfare. May the divine sages protect us for our well-being. May the fear from the Lord administering stern punishment keep us away from the crimes and calamities.

III.13

दिव्य जन कल्याण करें

नृचक्षसो अनिमिषन्तो अर्हणा बृहद्देवासो अमृतत्वमानशुः ।
ज्योतीरथा अहिमाया अनागसो दिवो वर्ष्माणं वसते स्वस्तये ॥
– ऋग्वेद 10.63.4

मनुष्यमात्र के योगक्षेम पर दृष्टि रखने वाले, सदा सजग रहने वाले, आदर के पात्र, बहुत बड़े विद्वान् जन अमरत्व को प्राप्त करते हैं। ज्ञान की ज्योति से प्रकाशित रथ के पथिक, बुद्धि के धनी, निष्पाप प्रकाश वाले, उच्च स्थान में निवास करने वाले ऐसे दिव्य जन हम सबके लिए कल्याणकारी हों।

May the divine ones bless us

nr̥cakṣaso animiṣanto arhaṇā
br̥haddevāso amr̥tatvamānaśuḥ ।
jyotīrathā ahimāyā anāgaso
divo varṣmāṇaṁ vasate svastaye ।।
– *R̥V* 10.63.4

May those widely enlightened ones be benevolent to us, who are never-slumbering, observers of humankind, worthy of adoration, enriched with immortal fame, borne on refulgent chariots, endowed with unrestrained intelligence and devoid of sin. May they, by their worthy habitation, glorify the exalted places for our well-being.

III.14

विद्वान् कल्याण करें

सम्राजो ये सुवृधो यज्ञमाययुरपरिह्वृता दधिरे दिवि क्षयम्।
ताँ आ विवास नमसा सुवृक्तिभिर्महो आदित्याँ अदितिं स्वस्तये॥
– ऋग्वेद 10.63.5

जो वर्चस्वी ज्ञानीजन अपने तेज से तेजस्वी, ज्ञानादि से समृद्ध होकर हमारे उत्तम यज्ञ-कर्म को प्राप्त होते हैं, और जो सबसे अप्रतिहत विद्वज्जन उच्च सम्मानित पद को प्राप्त करते हैं, उन गुणों से आद्दत आदित्यों (तेजस्वी व्यक्तियों) तथा अखण्डित पृथिवी पर स्थित विद्वानों को हम आदरसहित अन्नपानादि से तथा सुन्दर मधुर वाणी से सम्मानित करें ताकि हम सबका कल्याण हो।

May the enlightened ones bless us

samrājo ye suvr̥dho yajñamāyayura-
parihvr̥tā dadhire divi kṣayam ।
tām̐ ā vivāsa namasā suvr̥ktibhirmaho
ādityām̐ aditiṁ svastaye ।। – *R̥V* 10.63.5

Those illustrious ones, radiant with royal grace, enlightened with wisdom and the most exalted, have come to bless us in our noble deeds; they are unassailable and abide in the divine places; may we invite them and the sons of mother earth, with reverence and invoke them with praises for our well-being.

III.15

आदित्य मङ्गलकारी हों

येभ्यो माता मधुमत्पिन्वते पयः पीयूषं द्यौरदितिरद्रिबर्हाः ।
उक्थशुष्मान् वृषभरान्त्स्वप्नसस्ताँ आदित्याँ अनु मदा स्वस्तये ॥
– ऋग्वेद 10.63.3

जिन विद्वानों के लिए मेघों को धारण करने वाला पोषक द्युलोक वृष्टि करता है तथा अखण्ड पृथिवी माता अति मधुर अमृत तुल्य दुग्धादि देती है, उन अत्यन्त बल वाले, श्रेष्ठों का पोषण करने वाले, सुकर्मी एवं अखण्ड व्रत वाले, प्रकाशमान आदित्यों यानि तेजस्वी व्यक्तियों का हम सबके मङ्गल हेतु आह्वान करते हैं।

May the enlightened ones be auspicious

yebhyo mātā madhumatpinvate
payaḥ pīyūṣaṁ dyauraditiradribarhāḥ ।
ukthaśuṣmān vṛṣabharāntsvapnasastām̐
ādityām̐ anu madā svastaye ।। – *ṚV* 10.63.3

May we offer reverence to those enlightened ones, to whom the mother earth yields sweet-flavoured milk and for whom the cloud-invested sky showers ambrosia in the form of rain and to those who are performers of good deeds. May they bestow blessings upon us all!

III.16

आदित्य कल्याणकारी हों

स्वस्तये वायुमुप ब्रवामहै सोमं स्वस्ति भुवनस्य यस्पतिः ।
बृहस्पतिं सर्वगणं स्वस्तये स्वस्तय आदित्यासो भवन्तु नः ॥
– ऋग्वेद 5.51.12

हम सबके कल्याण के लिए वायु की उपासना करते हैं। सोमस्वरूप, जगत् का स्वामी चन्द्रमा हमारे लिए कल्याणकारी हो। इस बृहद् विश्व के रक्षक परमात्मा की हम स्तुति करते हैं। बड़े विद्वान् जनों के समूह तथा प्रकाशमान आदित्य हमारे आनन्द के लिए हों।

May the divine luminaries bring us happiness

svastaye vāyumupa bravāmahai
somaṁ svasti bhuvanasya yaspatiḥ ।
bṛhaspatiṁ sarvagaṇaṁ svastaye
svastaya ādityāso bhavantu naḥ ।। – *ṚV* 5.51.12

May we glorify the Lord of vital air for our fortune, the Lord of bliss for well-being, who is the protector of the world; we praise the supreme Lord in the form of protector of this big universe. May the radiant rays of all the luminaries bring us health and happiness.

III.17

ज्ञानीजन रक्षक हों

ये देवानां यज्ञिया यज्ञियानां मनोर्यजत्रा अमृता ऋतज्ञाः ।
ते नो रासन्तामुरुगायमद्य यूयं पात स्वस्तिभिः सदा नः ॥
– ऋग्वेद 7.35.15

जो पूजनीय विद्वानों में प्रशस्य, यज्ञमय जीवन जीने वाले अमर्त्य तथा विश्व के नियमों के ज्ञानी और यशस्वी देवजन हैं, वे आज हमें विपुल कीर्ति वाला उत्तम उपदेश करें। हे दिव्य शक्तियों! तुम सब अनेक सुखों द्वारा सदा हम सबकी रक्षा करो।

May the learned ones guide us

ye devānāṁ yajñiyā yajñiyānāṁ
manoryajatrā amṛtā ṛtajñāḥ ।
te no rāsantāmurugāyamadya
yūyaṁ pāta svastibhiḥ sadā naḥ ।। – *Ṛ*V 7.35.15

May those, who are the most adorable among revered ones, those who have been honoured by all, those who have become immortal, the observers of truth; may they grant us today widely-spoken reputation; and may you, O Lord! along with the divine forces, ever cherish us with blessings.

III.18

मनीषीजन रक्षक हों

य ईशिरे भुवनस्य प्रचेतसो विश्वस्य स्थातुर्जगतश्च मन्तवः ।
ते नः कृतादकृतादेनसस्पर्यद्या देवासः पिपृता स्वस्तये ॥
– ऋग्वेद 10.63.8

जो मननशील दिव्य शक्तियाँ संसार के सब स्थावर (घर, पर्वतादि, जड़) और जङ्गम (मनुष्य, पशु, पक्षी आदि गतिशील) पदार्थों की स्वामी हैं, वे हमारे द्वारा किए और न किए गए (शारीरिक और मानसिक) पापों से आज हमें दूर करें और सदा सब ओर से हम सबका मङ्गल करें।

May the wise ones protect us

ya īśire bhuvanasya pracetaso
viśvasya sthāturjagataśca mantavaḥ ।
te naḥ kr̥tādakr̥tādenasasparyadyā
devāsaḥ pipr̥tā svastaye ।। – *R̥V* 10.63.8

May those wise and omniscient divine forces, who rule over the whole world, stationary and moveable, ward us off our uncommitted and committed sins, and protect us today (and forever) from all sides for our well-being.

III.19

रोग-कीटाणु नष्ट हों

अपामीवामप विश्वामनाहुतिमपारातिं दुर्विदत्रामघायतः ।
आरे देवा द्वेषो अस्मद्युयोतनोरु णः शर्म यच्छता स्वस्तये ॥
– ऋग्वेद 10.63.12

हे दिव्य शक्तियों! शरीर को कष्ट देने वाले रोग के कीटाणुओं से हमारी रक्षा करो, यज्ञ न करने की भावना को, दान न करने की प्रवृत्ति को, पाप करने वाली दुर्भावना को, दुर्बुद्धि को तथा परस्पर कलह करने वाली दुष्ट बुद्धि को हमसे बहुत दूर हटाओ, जिससे हम सब विशाल सुख के साधनों को प्राप्त कर कल्याण के मार्ग पर चल सकें।

May the painful viruses be away from us

apāmīvāmapa viśvāmanāhutim-
apārātiṁ durvidatrāmaghāyataḥ ।
āre devā dveṣo asmadyuyotanoru ṇaḥ
śarma yacchatā svastaye ।। – *Ṛ̥V* 10.63.12

O Divine Powers! may you ward off all painful viruses away from us; remove all our negligence with respect to our prayers. Keep away our illiberality and miserliness. May you destroy the malicious enmity of such wicked persons who wish to do us harm. May you keep far away from us all those who hate us. O Nature's Bounties! grant us ample happiness for our well-being.

III.20

जीवन-पथ सुगम हो

विश्वे यजत्रा अधि वोचतोतये त्रायध्वं नो दुरेवाया अभिहुतः।
सत्यया वो देवहूत्या हुवेम शृण्वतो देवा अवसे स्वस्तये॥

– ऋग्वेद 10.63.11

हे यजनशील दिव्य शक्तियों! कुटिलतायुक्त दुर्गति से हमारी रक्षा कीजिए। हम आपको सत्य मन-वचन से पुकारते हैं ताकि आप हमारी प्रार्थना सुनें और हम सबके जीवन-पथ को कल्याण के लिए सुगम कर दें।

May our life-journey be easy and safe

viśve yajatrā adhi vocatotaye
trāyadhvaṁ no durevāyā abhihrutaḥ ।
satyayā vo devahūtyā huvema
śṛṇvato devā avase svastaye ।।

– *ṚV* 10.63.11

O Adorable Universal Divine Powers! May you advise and plead our cause for protection; preserve us from malignant adversities. May we, with sincere invocations, call on you; O Nature's Bounties! you listen to our praises, for our safety and for our well-being.

III.21

जीवन-रथ सुखद हो

यं देवासोऽवथ वाजसातौ यं शूरसाता मरुतो हिते धने।
प्रातर्यावाणं रथमिन्द्र सानसिमरिष्यन्तमा रुहेमा स्वस्तये॥
–ऋग्वेद 10.63.14

हे दिव्य शक्तियों! आप अन्नादि की प्राप्ति में, वीर पुरुषों के करने योग्य सङ्ग्राम में तथा हितकर धन को प्राप्त करने में, अपने ज्ञान से हमारी रक्षा करती हो, हम सब प्रात:कालीन वायु के समान सुखद रूप से गतिशील जीवनरूपी रथ-यान पर आरूढ़ होकर कल्याण को प्राप्त करें।

May our bodies as chariots be healthy

yaṁ devāso 'vatha vājasātau
yaṁ śūrasātā maruto hite dhane ।
prātaryāvāṇaṁ rathamindra
sānasimariṣyantamā ruhemā svastaye ।। – *R̥V* 10.63.14

O Divine Powers! You protect and bless this chariot in the form of our body, for the supply of spiritual food and guard us in the battle of life, for the sake of obtaining blessed riches. May we mount such an irresistible chariot, which takes off early in the morning like cool breeze and never fails on the track for our well-being.

III.22

हम सुपथगामी हों

स्वस्ति पन्थामनु चरेम सूर्याचन्द्रमसाविव ।
पुनर्ददताघ्नता जानता सं गमेमहि ॥ – ऋग्वेद 5.51.15

हम सब सूर्य और चन्द्रमा की भाँति सदा कल्याण-युक्त मार्ग पर चलते रहें। फिर दानी, अहिंसक तथा ज्ञानी जनों के साथ मिलकर हम सब सुख प्राप्त करें।

May we tread the noble path

svasti panthāmanu carema sūryācandramasāviva ।
punardadatāghnatā jānatā saṁ gamemahi ।। – *R̥V* 5.51.15

May we ever pursue the path of prosperity like the sun and the moon; may we move in full cooperation for mutual welfare, without causing injury to each other and reciprocation towards the right understanding amongst all.

III.23

यज्ञ कल्याणकारी हो

को वः स्तोमं राधति यं जुजोषथ विश्वे देवासो मनुषो यतिष्ठन।
को वोऽध्वरं तुविजाता अरं करद्यो नः पर्षदत्यंहः स्वस्तये॥
– ऋग्वेद 10.63.6

हे सब दिव्य गुणयुक्त विद्वानों। तुम जिसकी स्तुति-उपासना करते हो वह प्रजापति परमेश्वर तुम्हारी प्रार्थना को सिद्ध करता रहता है। वही सुखस्वरूप परमात्मा तुम सब मनुष्यों के उन श्रेष्ठ कर्मों को पूर्ण करता है, जो कष्टों को दूर कर हम सबके लिए आनन्द-मङ्गल को प्राप्त करते हैं।

May the invoked ones fulfil our noble acts

ko vaḥ stomaṁ rādhati yaṁ jujoṣatha
viśve devāso manuṣo yatiṣṭhana ।
ko vo 'dhvaraṁ tuvijātā araṁ karadyo
naḥ parṣadatyaṁhaḥ svastaye ।। – *ṚV* 10.63.6

O Illustrious Ones! May the best one among you, appreciate your choicest praises being offered here. O Noble Humans! distinguished for your deep learning, the most worthy among you can accomplish such propitious acts as may bear safe and pleasant boons for our well-being.

III.24

देहरूपी दिव्य नौका पर आरूढ़ हों

सुत्रामाणं पृथिवीं द्यामनेहसं सुशर्माणमदितिं सुप्रणीतिम्।
दैवीं नावं स्वरित्रामनागसमस्रवन्तीमा रुहेमा स्वस्तये॥
– ऋग्वेद 10.63.10

सुरक्षा के सब साधनों से युक्त, विस्तृत अधिष्ठान देने वाली, आनन्ददात्री, पाप-विकार से रहित, अति सुन्दर तथा अखण्ड ज्ञान वाली, कहीं से स्रवित न होने वाली, उस सुघटित शरीररूपी नौका पर हम सब विविध प्रकार के कल्याण के लिए आरूढ़ हों।

May our body, the divine boat, be flawless

sutrāmāṇaṁ pr̥thivīṁ dyāmanehasaṁ
suśarmāṇamaditiṁ supraṇītim ।
daivīṁ nāvaṁ svaritrāmanāgasama-
sravantīmā ruhemā svastaye ।। – *R̥V* 10.63.10

For our weal, may we embark upon the vessel divine (our body), which is well-protected, spacious, shining and unmenaced; full of comforts, seamless, nicely constructed, fitted with fine oars, flawless and never leaking.

III.25

दुर्भावनाएं दूर हों

अरिष्टः स मर्तो विश्व एधते प्र प्रजाभिर्जायते धर्मणस्परि।
यमादित्यासो नयथा सुनीतिभिरति विश्वानि दुरिता स्वस्तये॥
– ऋग्वेद 10.63.13

हे उज्ज्वल प्रकाशक शक्तियों! जिसको आप सुमार्ग से ले जाते हो, वह मनुष्य (समूह) किसी रोग से पीड़ित न होता हुआ संसार में उन्नति करता है और धर्म का पालन करता हुआ, प्रजाओं यानि पुत्र-पौत्रादि से फलता-फूलता है। अत: आप हमारी सब दुर्भावनाओं को दूर कर हम सबको कल्याण के लिए प्रेरित करो।

May calamities and evils be led away

ariṣṭaḥ sa marto viśva edhate
pra prajābhirjāyate dharmaṇaspari ।
yamādityāso nayathā sunītibhirati
viśvāni duiratā svastaye ।। – *ṚV* 10.63.13

O Radiant Divine Powers! every mortal, whom you guide with good counsels, flourishes unharmed and having performed his duties, prospers with posterity. May you lead us all safe over evils and calamities for our well-being.

III.26

हम सदा शुभ सुनें और देखें

भद्रं कर्णेभिः शृणुयाम देवा भद्रं पश्येमाक्षभिर्यजत्राः ।
स्थिरैरङ्गैस्तुष्टुवाꣳसस्तनूभिर्व्यशेमहि देवहितं यदायुः ॥
– यजुर्वेद 25.21

हे दिव्य शक्तियों ! हम कानों से शुभ सुनते रहें, यजनशील रहकर हम आँखों से शुभ देखते रहें। दृढ़ अङ्गों और पुष्ट शरीरों से आप सबकी स्तुति करते हुए हम लोग पूर्ण आयुपर्यन्त तेजस्वी होकर प्रभु-सेवा में समर्पित जीवन व्यतीत करें।

May we listen good and look at the beneficial

bhadraṁ karṇebhiḥ sṛṇuyāma devā
bhadraṁ paśyemākṣabhiryajatrāḥ ।
sthirairaṅgaistuṣṭuvāꣳ sastanūbhir-
vyaśemahi devahitaṁ yadāyuḥ ।। – *YV* 25.21

O Learned Ones! may we, with our ears, listen to what is beneficial. O Worthy of Sacred Deeds! may we, while performing good actions, see with our eyes that which is beneficial. May we, engaged in your praises, enjoy with firm limbs and sound bodies, a full term of life dedicated to the divine.

III.27

जीवन सुदीर्घ एवं स्वाधीन हो

तच्चक्षुर्देवहितं पुरस्ताच्छुक्रमुच्चरत्।
पश्येम शरदः शतं जीवेम शरदः शतꣳ शृणुयाम शरदः शतं प्रब्रवाम शरदः
शतमदीनाः स्याम शरदः शतम्भूयश्च शरदः शतात्॥

– यजुर्वेद 36.24

वह सर्वद्रष्टा, दिव्य शक्तियों का हितकारी, परम पवित्र सूर्य सामने उदय हो रहा है। (उसके प्रकाश से) हम सौ वर्ष तक देखें। सौ वर्ष तक जिएं। सौ वर्ष तक सुनें। सौ वर्षपर्यन्त बोलें। सौ वर्ष तक अदीन होकर रहें और (उसी ज्योतिस्वरूप की कृपा से) सौ वर्ष के उपरान्त भी हम लोग स्वाधीन रहें।

May we live a self-dependent and long life

taccakṣurdevahitaṁ purastācchukramuccarat ।
paśyema śaradaḥ śataṁ jīvema śaradaḥ śataṁ̐
śṛṇuyāma śaradaḥ śataṁ prabravāma śaradaḥ
śatamadīnāḥ syāma śaradaḥ śataṁbhūyaśca śaradaḥ śatāt ।।

– *YV* 36.24

May we be fortunate enough to look at the sun, eye of the world, set up by the divine, rising brightly in front of us for a hundred autumns; may we live for a hundred autumns; may our hearing remain unimpaired for a hundred autumns; may we speak clearly for a hundred autumns; may we never be indigent in a lifespan of a hundred autumns; and even much more than a hundred autumns.

III.28

हमारा ज्ञान और करण शुभ हों

वेदः स्वस्तिर्द्रुघणः स्वस्ति परशुर्वेदिः परशुर्नः स्वस्ति।
– *अथर्ववेद* 7.29.1

हमारा ज्ञान कल्याणकारी हो, हमारे उपकरण (कुल्हाडी आदि) शुभ हों; पृथिवी (यज्ञ की वेदी) मङ्गलमयी हो, हमारे शस्त्र – परशु आदि शुभ हों।

May our knowledge and tools be good

vedaḥ svastirdrughaṇaḥ svasti
paraśurvediḥ paraśurnaḥ svasti । – *AV* 7.29.1

May our knowledge be propitious; may our tools (like the wood-cutting mace) be nice; may the earth (altar) and the hatchet be for our well-being.

III.29

पशु-पक्षी सुखकारी हों

स्वस्तितं मे सुप्रातः सुसायं सुदिवं सुमृगं सुशकुनं मे अस्तु।
सुहवमग्ने स्वस्त्यमर्त्य गत्वा पुनरायाभिनन्दन्॥
– *अथर्ववेद* 19.8.3

हे अग्ने! मेरे लिए अस्तकाल कल्याणकारी हो, प्रातःकाल सुखदायी हो, सायंकाल शुभ हो; दिन अच्छा हो, पशु सुखकारी हों, पक्षी सुखकारी हों। हे अग्ने! हमारी प्रार्थना कल्याणकारी हो, हे अमर्त्य! तू पुनः सबको प्रसन्न करता हुआ आ जा।

May the cattle and birds bring happiness

svastitaṁ me suprātaḥ susāyaṁ
sudivaṁ sumṛgaṁ suśakunaṁ me astu ।
suhavamagne svastyamartya
gatvā punarāyābhinandan ।। – *AV* 19.8.3

May the sunset be fine to me, fine the morning, fine the evening, fine the day; may the animals and birds be good to me.

O Fire Divine! may (our) prayer bring happiness. O Immortal One! having gone, may you come again rejoicing.

III.30

जीवन-पथ विस्तृत हो

ऐतु पूषा रयिर्भगः स्वस्ति सर्वधातमः ।
उरुरध्वा स्वस्तये ॥ – ऋग्वेद 8.31.11

धनवान्, ऐश्वर्यशाली, कल्याणकारी तथा सबको धारण करने वाला पोषक देव (पूषा) हमारे पास आए तथा (उसकी कृपा से) कल्याणकारी (यह जीवन का) मार्ग हमारे लिए विस्तृत हो।

May the road of our life be wide

aitu pūṣā rayirbhagaḥ svasti sarvadhātamaḥ ।
ururadhvā svastaye ।। – *R̥V* 8.31.11

May the Lord of nourishment, the possessor of opulence and the most benevolent, the all-bounteous, come to us auspiciously and may our path that leads to bliss be wide open for us.

4

प्रकृति/पर्यावरण
Nature/Environment

प्रकृति/पर्यावरण

वैदिक वाङ्मय में मानव एवं प्रकृति के मध्य एक अभिन्न अन्तरङ्ग सम्बन्ध परिलक्षित होता है जो वर्तमान पर्यावरण-चेतना से कहीं अधिक गहन एवं घनिष्ठ है। अतः आधुनिक काल में प्रचलित "गहन पारिस्थितिकी" (deep ecology) की अवधारणा वस्तुतः वैदिक मान्यता के समक्ष अत्यन्त आरम्भिक एवं सतही प्रतीत होती है।

वेदमन्त्रों में पृथिवी, जल, तेज (अग्नि), वायु (मरुत्), आकाश (द्यौ), पर्वत, नदियाँ, पशु–पक्षी, उषा तथा अन्य अनेक प्राकृतिक उपादानों का आत्मीय अङ्कन उपलब्ध होता है। इससे स्पष्ट सङ्केत मिलता है कि वैदिक जीवन-दृष्टि अन्तःप्रकृति एवं बाह्य-प्रकृति के मध्य एक आत्मीय रागात्मक सम्बन्ध स्वीकार करती है, न कि भोक्ता एवं भोग्य वाली पाश्चात्य प्रवृत्ति को प्रश्रय देती है।

प्रस्तुत पुस्तक में सन्निविष्ट वेदमन्त्रों/वैदिक प्रार्थनाओं के अध्ययन से सुव्यक्त होगा कि प्राचीन भारतीय चिन्तन-धारा एक सर्वाङ्गीण प्रगति का पथ प्रशस्त करती रही है जबकि आज की खण्ड-खण्ड में बँटी एकाङ्गी दृष्टि विश्व के समक्ष अनेक विकराल समस्याएं खड़ी कर रही है। वैदिक संस्कृति प्रकृति के प्रति सहज सम्मान एवं आन्तरिक स्नेह का भाव (communion with nature) रखने की शिक्षा देती है तथा आवश्यकता से अधिक प्राकृतिक संसाधनों के दोहन को गर्हणीय मानती है किन्तु साम्प्रतिक भौतिकतावादी विचारधारा प्रकृति पर विजय (dominion over nature) को ही अपना ध्येय मानती है जिसका दुष्परिणाम हम सबके सामने है।

प्रकृति एवं पर्यावरण के प्रति आज अपेक्षा इस बात की है कि हम पुनः अपने गौरवशाली अतीत से शिक्षा लेकर एक स्वस्थ और सन्तुलित दृष्टिकोण अपनाएं।

Nature/Environment

Vedic world view presents an intimate emotional relation between humans and Nature which is much closer and deeper than the current notion of deep ecology. Vedic narrative delineates a beautiful sky, mountains, rivers, animals, birds, dawn and other aspects of Nature, which denotes that the Vedic view accepts a personal relationship of mutual care and concern between human beings and Nature in contrast with the Western idea of consumerism.

The verses collected from the four Vedas and presented in this volume will be sufficient to indicate that the traditional Indian thought has been holistic while the modern fragmented vision is posing severe challenges before humanity. Vedic culture signifies a natural love and respect for Nature **"communion with Nature"** and its various aspects and despises the unnecessary exploitation of natural resources while the modern materialistic world view propounds its aim as **"dominion over Nature"** – the evil consequences of which are more than visible today.

In view of the above, it is essential that we learn lessons from our past and adopt a healthy, balanced attitude towards Nature and environment.

IV.1

सर्वत्र अभय हो

इदमुच्छ्रेयोऽवसानमागां शिवे मे द्यावापृथिवी अभूताम्।
असपत्ना प्रदिशो मे भवन्तु न वै त्वा द्विष्मो अभयं नो अस्तु॥
– *अथर्ववेद* 19.14.1

मैं इस श्रेयस्कर लक्ष्य तक पहुँच गया हूँ, द्युलोक और भूलोक – ये दोनों मेरे लिए सुखकर हों।

सभी दिशाएं मेरे लिए शत्रुरहित हो जाएं, हम तुझसे (शत्रु से) द्वेष नहीं करते, हमारे लिए सब ओर अभय हो।

May all be free from fear

idamucchreyo 'vasānamāgāṁ
śive me dyāvāpṛthivī abhūtām ।
asapatnā pradiśo me bhavantu
na vai tvā dviṣmo abhayaṁ no astu ।। – *AV* 19.14.1

I have reached this highly noble end (of the journey). The heaven and the earth have been auspicious to me.

May the great quarters be free of rivals to me. Certainly, we do not hate you (the enemy), let there be no fear for us.

IV.2

हम सब रोगरहित हों

मा वो रिषत् खनिता यस्मै चाहं खनामि वः।
द्विपाच्चतुष्पादस्माकं सर्वमस्त्वनातुरम्॥
– ऋग्वेद 10.97.20, यजुर्वेद 12.95

हे औषधे! जो कोई तुम्हारा खनन करता है, वह स्वयं हानि को प्राप्त न हो; जिसके लिए (उपचार हेतु) मैं तुम्हारा खनन करता हूँ, वह (रोगी) भी हानि को प्राप्त न हो। हमारे द्विपाद (स्त्री-पुरुष आदि) एवं चतुष्पाद (गाय, घोड़ा आदि) सब रोगरहित हों।

May we all be free from diseases

mā vo riṣat khanitā yasmai cāhaṁ khanāmi vaḥ ।
dvipāccatuṣpādasmākaṁ sarvamastvanāturam ।।
– *R̥V* 10.97.20, *YV* 12.95

May he be far from harm who digs you up as well as he for whose sake I dig thee. O Herb!

May all our bipeds and quadrupeds be free from every disease.

IV.3

सब लोक हमारे लिए मधुर हों

मधुमतीरोषधीर्द्याव आपो मधुमन्नो भवत्वन्तरिक्षम्।
क्षेत्रस्य पतिर्मधुमान्नो अस्त्वरिष्यन्तो अन्वेनं चरेम॥
– ऋग्वेद 4.57.3

औषधियाँ, द्युलोक और जल हमारे लिए मधुर हों, अन्तरिक्ष हमारे लिए मधुमय हो। क्षेत्र का स्वामी (परमात्मा) हमारे लिए माधुर्य से सम्पन्न हो, हम सब नष्ट न होते हुए इसका अनुसरण करें।

May all the regions be sweet for us

madhumatīroṣadhīrdyāva āpo
madhumanno bhavatvantarikṣam ।
kṣetrasya patirmadhumānno
astvariṣyanto anvenaṁ carema ।। – *R̥V* 4.57.3

May the herbs of the field be sweet for us; may the heavens, the waters, the firmament be kind to us; may the landlord (Supreme Divine) be gracious to us; may we be able to obey His inspiration without obstruction.

IV.4

हमारे लिए दिन-रात सुखद हों

शं नो वातो वातु शं नस्तपतु सूर्यः।
अहानि शं भवन्तु नः शं रात्री प्रति धीयतां शमुषा नो व्युच्छतु॥
– *अथर्ववेद* 7.72.1

हमारे लिए वायु सुखकारी रीति से बहे, हमारे लिए सूर्य सुखकारी होकर तपे, हमारे लिए दिन सुखकारी हों, रात्रियाँ सुखदायक हों, उषाकाल हमें सुख देवे।

May the days and nights be pleasant

śaṁ no vāto vātu śaṁ nastapatu sūryaḥ ।
ahāni śaṁ bhavantu naḥ śaṁ rātrī prati dhīyatāṁ
śamuṣā no vyucchatu ।। – *AV* 7.72.1

May the wind blow happily for us, may the sun warm up for our happiness. May the days be full of happiness to us. May the night bring happiness. May the dawn brighten up with happiness for us.

IV.5

प्राकृतिक शक्तियाँ सुखदायक हों

शमग्निरग्निभिः करच्छं नस्तपतु सूर्यः ।
शं वातो वात्वरपा अप स्रिधः ॥ – ऋग्वेद 8.18.9

अग्नि अपनी ज्वालाओं और तेजों से हमारा कल्याण करे, सूर्य हमारे लिए सुखपूर्वक तपे।

दोषों से रहित वायु हमारे लिए सुखकारी होकर बहे तथा हमारे सब कष्टों/शत्रुओं को दूर करे।

May the forces of Nature be benign to us

śamagniragnibhiḥ karaccham̐ nastapatu sūryaḥ ।
śam̐ vāto vātvarapā apa sridhaḥ ।। – *Ṛ̥V* 8.18.9

May the divine fire bless us with his flame and may the sun beam upon us felicity.

May the pure fragrant wind breathe happiness on us and drive away our adversities.

IV.6

हम सूर्य की उत्तम ज्योति को प्राप्त करें

उद्वयं तमसस्परि स्वः पश्यन्त उत्तरम् ।
देवं देवत्रा सूर्यमगन्म ज्योतिरुत्तमम् ॥ – ऋग्वेद 1.50.10

हम सब अन्धकार से परे/ऊपर उच्चतर ज्योति को देखते हुए सबसे उत्तम ज्योति और देवों में देव सूर्य को प्राप्त करें।

May we attain divine light of the sun

udvayaṁ tamasaspari svaḥ paśyanta uttaram ।
devaṁ devatrā sūryamaganma jyotiruttamam ।।
– *R̥V* 1.50.10

Beholding the uprising divine light of sun beyond the mundane darkness, may we by and by approach the spiritual one, the divine of divines.

IV.7

सूर्य जड़ और चेतन जगत् की आत्मा है

चित्रं देवानामुदगादनीकं चक्षुर्मित्रस्य वरुणस्याग्नेः।
आप्रा द्यावापृथिवी अन्तरिक्षं सूर्य आत्मा जगतस्तस्थुषश्च॥
– ऋग्वेद 1.115.1

देवों (दिव्य शक्तियों) का मुख्य तेज, मित्र, वरुण और अग्नि का विलक्षण नेत्ररूपी सूर्य सामने उदय हो गया है; उसने द्युलोक, पृथिवीलोक और अन्तरिक्षलोक को व्याप्त कर लिया है; सूर्य सभी जङ्गम और स्थावर तत्त्वों की आत्मा है।

Sun is the life-force of all

citraṁ devānāmudagādanīkaṁ
cakṣurmitrasya varuṇasyāgneḥ ।
āprā dyāvāpṛthivī antarikṣaṁ
sūrya ātmā jagatastasthuṣaśca ।। – *ṚV* 1.115.1

Yonder has arisen the light of our sight, life and energy with wonderful divine effulgence; It has filled the celestial regions, the earth and the interspace with its glory; this sun is the life-force of all that moves or is immovable.

IV.8

सूर्य अन्धकार का नाशक है

उद्वेति सुभगो विश्वचक्षाः साधारणः सूर्यो मानुषाणाम्।
चक्षुर्मित्रस्य वरुणस्य देवश्चर्मेव यः समविव्यक्तमांसि॥
– ऋग्वेद 7.63.1

उत्तम सौभाग्य देने वाला और सबका निरीक्षण करने वाला सूर्य सब मनुष्यों के लिए समान रूप से उदय हो रहा है।

यह सूर्य मित्र (अन्तरिक्ष) और वरुण (जल के अधिपति) के चक्षु के समान है और चमड़े की भाँति समस्त अन्धकार को समेट देता है (तथा सर्वत्र प्रकाश का प्रसार करता है)।

Sun is the dispeller of darkness

udveti subhago viśvacakṣāḥ
sādhāraṇaḥ sūryo mānuṣāṇām ।
cakṣurmitrasya varuṇasya devaścarmeva
yaḥ samavivyaktamāṁsi ।। – *Ṛ̥V* 7.63.1

The auspicious sun, observer of all, common to all beings in the universe, the eye of divine powers such as luminous sky and ocean, rises up and envelops darkness like a piece of leather.

IV.9

सूर्य सर्वप्रकाशक है

उदु त्यं जातवेदसं देवं वहन्ति केतवः।
दृशे विश्वाय सूर्यम्॥ – *सामवेद* 1.31

उस सर्वज्ञ (जातवेद), सर्वप्रेरक (सूर्य), सर्वप्रकाशक (देव) एवं सर्वव्यापक सूर्य देव को ही हम सबके प्रति दर्शाने के लिए समस्त प्रकाश-रश्मियाँ एवं चन्द्र, नक्षत्र आदि ध्वजाएं ऊपर फहरा रही हैं।

The sun illuminates all

udu tyaṁ jātavedasaṁ devaṁ vahanti ketavaḥ ।
dṛśe viśvāya sūryam ।। – *SV* 1.31

The banners of glory, rays of light, moon and planets speak high of the effulgent Sun God, who knows everything that lives; so that all of us may look on him.

IV.10

उदीयमान सूर्य को नमस्कार

उद्यते नम उदायते नम उदिताय नमः ।
विराजे नमः स्वराजे नमः सम्राजे नमः ॥ – *अथर्ववेद* 17.1.22-23

उदित होने वाले को नमस्कार, ऊपर उठने वाले को नमस्कार, उदित हो चुके को नमस्कार। विशेष प्रकाशमान को नमस्कार, अपने तेज से चमकने वाले को नमस्कार, उत्तम प्रकाशयुक्त को नमस्कार!

Obeisances to the rising sun

udyate nama udāyate nama uditāya namaḥ ।
virāje namaḥ svarāje namaḥ samrāje namaḥ ।।
– *AV* 17.1.22-23

Homage be to him, about to rise; Homage be to the ascending one; Homage be to the one that has risen up; Homage be to the extremely refulgent; Homage be to the self-refulgent; Homage be to the absolute refulgent.

IV.11

उगते हुए सूर्य से ऊर्जा ग्रहण करें

विश्वाहा त्वा सुमनसः सुचक्षसः प्रजावन्तो अनमीवा अनागसः ।
उद्यन्तं त्वा मित्रमहो दिवेदिवे ज्योग्जीवाः प्रति पश्येम सूर्य ॥
– ऋग्वेद 10.37.7

हे सूर्यदेव ! हम सब सदा प्रसन्न, प्रीतियुक्त उत्तम दर्शन वाले, सुसन्तानों से युक्त, निरोग और निरपराध रहें।

हे तेजस्वियों में पूज्य ! हम सब दिन-प्रतिदिन उगते हुए तेरा दर्शन करें और निरन्तर तुझसे ऊर्जा प्राप्त करते हुए जीवित रहें।

May we invigorate ourselves by beholding the sun

viśvāhā tvā sumanasaḥ sucakṣasaḥ
prajāvanto anamīvā anāgasaḥ ।
udyantaṁ tvā mitramaho dive dive
jyogjīvāḥ prati paśyema sūrya ।। – *Ṛ V* 10.37.7

O Sun, the Gracious Friend! may we see you rising day by day, may we be cheerful in spirit, ever more keen to see you and be blessed with progeny, free from sickness and sin. May we, enjoying a long life, behold you daily.

IV.12

अस्त होते हुए सूर्य को नमन

अस्तयते नमोऽस्तमेष्यते नमोऽस्तमिताय नमः ।
विराजे नमः स्वराजे नमः सम्राजे नमः ॥ – *अथर्ववेद* 17.1.23

अस्त होने वाले को नमस्कार, अस्त की ओर जाने वाले को नमस्कार। विशेष तेजस्वी, उत्तम प्रकाशमान और अपने तेज से प्रकाशित होने वाले को नमस्कार।

Adorations to the setting sun

astayate namo 'stameṣyate namo 'stamitāya namaḥ ।
virāje namaḥ svarāje namaḥ samrāje namaḥ ।। – *AV* 17.1.23

Homage be to him, about to set; Homage be to the setting one; Homage be to the one that has set; Homage be to the extremely refulgent; Homage be to the self-refulgent; Homage be to the absolute refulgent

IV.13

सूर्य सब दिशाओं का रक्षक है

सर्वा दिशः समचरद्रोहितोऽधिपतिर्दिवः ।
दिवं समुद्रमाद्भूमिं सर्वं भूतं वि रक्षति ॥ – *अथर्ववेद* 13.2.41

द्युलोक का स्वामी यह सूर्य सब दिशाओं में सञ्चार करता है। वह द्युलोक, समुद्र, भूमि और सब प्राणियों आदि की रक्षा करता है।

Sun is the protector of all quarters

sarvā diśaḥ samacaradrohito 'dhipatirdivaḥ ।
divaṁ samudramādbhūmiṁ sarvaṁ bhūtaṁ vi rakṣati ।।
– *AV* 13.2.41

The ascendant Lord (Sun), the sovereign of heaven, moves about in all the quarters; He guards the sky, the ocean, the earth and also all the beings.

IV.14

सूर्य और वर्षा आएं

मित्रं हवे पूतदक्षं वरुणं च रिषादसम्। – ऋग्वेद 1.2.7

मित्र की भाँति सबसे प्रेमपूर्ण व्यवहार करने वाले पवित्र सूर्य और दुष्टता को पूर्ण रूप से नष्ट करने वाले वरुण (वृष्टि के देव) का मैं आह्वान करता हूँ।

May the sun and rain come

mitraṁ have pūtadakṣaṁ varuṇaṁ ca riṣādasam । – *R̥V* 1.2.7

I invoke the Lord of pure energy and light (sun) along with the dispeller of impuritites (lord of rain).

IV.15

माता पृथिवी कृपा करे

अस्माकं सन्त्वाशिषः सत्या नः सन्त्वाशिष उपहूता ।
पृथिवी मातोप मां पृथिवी माता ह्वयतामग्निराग्नीध्रात् स्वाहा ॥
– यजुर्वेद 2.10

हमें प्रचुर आशीर्वाद मिलें तथा हमारे द्वारा प्राप्त आशीर्वाद सत्य सिद्ध हों। मैंने मातृभूमि की उपासना की है, यह पृथिवी माता मुझसे प्रसन्न होवे तथा मुझे अनुमति प्रदान करे कि मैं पवित्र अग्नि को प्रदीप्त करूँ।

May the mother earth bless me

asmākaṁ santvāśiṣaḥ satyā naḥ santvāśiṣa upahūtā ।
pṛthivī mātopa māṁ pṛthivī mātā hvayatāmagnirāgnīdhrāt svāhā ।।
– *YV* 2.10

May the blessings be ours; may the blessings we have received come true.

We have invoked the mother earth. May the mother earth bless me and allow me to ignite holy fire.

IV.16

पृथिवी माता को नमन है

नमो मात्रे पृथिव्यै नमो मात्रे पृथिव्यै ॥ – *यजुर्वेद* 9.22

माता पृथ्वी के लिए हमारा नमन है, मातृभूमि के लिए नमस्कार है।

Obeisance to the mother earth

namo mātre pṛthivyai namo mātre pṛthivyai || – *YV* 9.22

Our obeisance to the mother earth; obeisance to the mother earth.

IV.17

पृथिवी को कष्ट मत दो

भूरसि भूमिरस्यदितिरसि विश्वधाया विश्वस्य भुवनस्य धर्त्री।
पृथिवीं यच्छ पृथिवीं दृंह पृथिवीं मा हिंसीः ॥ – यजुर्वेद 13.18

तुम सुखों को देने वाली भूमि हो, विश्व को पुष्ट करने वाली देवमाता हो। सम्पूर्ण संसार के प्राणियों का धारण-पोषण करने वाली हो। (तुम सब) भूमि को कृपा-दृष्टि से अवलोकन करो, पृथिवी को दृढ़ करो और पृथिवी को पीड़ा मत दो।

May you never harm the earth

bhūrasi bhūmirasyaditirasi
viśvadhāyā viśvasya bhuvanasya dhartrī ।
pṛthivīṁ yaccha pṛthivīṁ dṛṁha pṛthivīṁ mā hiṁsīḥ ।।
– *YV* 13.18

O Mother Earth! you are the harbinger of happiness. You are the ground for everything; you are for eternity. You are nourisher to all, sustainer of this universe.

May you all revere the earth; may you steady the earth; may you never harm the earth.

IV.18

भूमि का मर्म आहत न हो

यत्ते भूमे विखनामि क्षिप्रं तदपि रोहतु।
मा ते मर्म विमृग्वरि मा ते हृदयमर्पिपम॥ – *अथर्ववेद* 12.1.35

हे भूमि! तुझसे जो भी मैं खोदकर निकालूँ, वह शीघ्र ही (पुनः) उग जाए।
हे विशेष रूप से अन्वेषण के योग्य धरती माँ! तुम्हारा मर्मस्थल आहत न हो और मैं तुम्हारे हृदय को दुःखित न करूँ।

May the vitals of earth be not hurt

yatte bhūme vikhanāmi kṣipraṁ tadupi rohatu ।
mā te marma vimṛgvari mā te hṛdayamarpipam ।।
– *AV* 12.1.35

O Earth! whatever I dig out of thee, let that quickly grow over; O the Sought after One! may I not hit thy vitals nor thy heart.

IV.19

जल पवित्र और कल्याणकारी हों

शं नो देवीरभिष्टये शं नो भवन्तु पीतये।
शं योरभिस्रवन्तु नः ॥ – *सामवेद* 1.33

ये दिव्य जल हमारे लिए कल्याणकारी हों, ये हमारी इच्छाओं को तृप्त करें और हमारी पिपासा को शान्त करें।

ये पवित्र जल हम सब पर शुभ की वर्षा करें।

May the pure waters be auspicious

śaṁ no devīrabhiṣṭaye śaṁ no bhavantu pītaye ।
śaṁ yorabhisravantu naḥ ।। – *SV* 1.33

May the divine waters be propitious to us, for the fulfilment of desires, and for our enjoyment/drinking.

Let them shower well-being on us all.

IV.20

जल सबकी औषधि हैं

आप इद् वा उ भेषजीरापो अमीवचातनीः ।
आपः सर्वस्य भेषजीस्तास्ते कृण्वन्तु भेषजम् ॥
– ऋग्वेद 10.137.6

जल निश्चय ही भेषज हैं – स्नानपानादि से सुख द्वारा औषधिरूप से रोग का शमन करते हैं।

जल ही रोग के कारणों का नाश करने वाले हैं, अतः जल सबका हित करने वाले औषधिरूप हैं, वे तुम्हारे लिए रोगनाशक हों।

Waters are the medicine for all

āpa id vā u bheṣajīrāpo amīvacātanīḥ ।
āpaḥ sarvasya bheṣajīstāste kr̥ṇvantu bheṣajam ।।
– *R̥V* 10.137.6

Waters, verily, have an innate healing power; waters are the dissipators of disease; waters are the medicines for everything; may those waters act as medicine to you.

IV.21

वृष्टिजल हमें पवित्र करें

आपः सप्त सुस्रुवुर्देवीस्ता नो मुञ्चत्वंहसः ॥
– *अथर्ववेद* 14.2.45

ये जलप्रवाह (सात प्रकार की सूर्य-किरणों से प्रेरित होकर) पृथ्वी की ओर चल रहे हैं, वे हमें सब प्रकार के पाप से मुक्त करें।

May the rainwaters purify us

āpaḥ sapta susruvurdevīstā no muñcatvaṁhasaḥ ।।
– *AV* 14.2.45

Seven rays of the sun make the waters of the ocean descend down in streams from the sky. May those (rainwaters) release us from sin.

IV.22

जल एवं औषधियाँ हमारे मित्र हों

सुमित्रिया न आप ओषधयः सन्तु दुर्मित्रियास्तस्मै सन्तु।
योऽस्मान् द्वेष्टि यं वयं द्विष्मः॥ – यजुर्वेद 6.22

जल एवं औषधियाँ हमारे लिए अच्छे मित्र के समान हों। जो हम लोगों से द्वेष करता है और जिससे हम लोग द्वेष करते हैं, उसके लिए वे शत्रु के समान हों।

May the waters and herbs be our friends

sumitriyā na āpa oṣadhayaḥ santu durmitriyāstasmai santu ।
yo 'smān dveṣṭi yaṁ vayaṁ dviṣmaḥ ।। – *YV* 6.22

May waters and herbs be friendly to us and unfriendly to him who hates us and of whom we are averse.

IV.23

जल और औषधियाँ कल्याण करें

इमा आपः शमु मे सन्तु देवीः ।
ओषधे त्रायस्व स्वधिते मैनं हिंसीः ॥ – यजुर्वेद 4.1

यह दिव्य जल मेरा कल्याण करने वाला हो; हे औषधि, हमारी रक्षा करो; हे शस्त्र, इस (औषधि) की हिंसा मत करो।

May the water and herbs be propitious to us all

imā āpaḥ śamu me santu devīḥ ।
oṣadhe trāyasva svadhite mainaṁ hiṁsīḥ ।। – *YV* 4.1

May these divine waters be auspicious for me; O medicinal herbs, protect us; O knife (of the cutter) do not injure the herb.

IV.24

शुद्ध जल हम सबको पवित्र करें

देवीरापः शुद्धा वोऽढ्वं सुपरिविष्टा देवेषु सुपरिविष्टा
वयं परिवेष्टारो भूयास्म ॥ – यजुर्वेद 6.13

हे दिव्य जलों ! तुम शुद्ध होकर हमारी स्तुतियों को दैवी शक्तियों तक भली-भाँति ले जाओ। हम सब उत्तम रीति से सुसंस्कृत होकर अच्छी प्रकार से सबको परिष्कृत करें।

May the pure, divine waters purify us

devīrāpaḥ śuddhā vo 'ḍhvaṁ suparivisṭā deveṣu suparivisṭā
vayaṁ pariveṣṭāro bhūyāsma || – *YV* 6.13

O Waters Divine, pure and well-provided, carry well our oblations to Nature's bounties. May we, being well-provided, become providers to others.

IV.25

जल हमारी माता हैं

आपो अस्मान् मातरः शुन्धयन्तु घृतेन नो घृतप्वः पुनन्तु।
विश्वं हि रिप्रं प्रवहन्ति देवीरुदिदाभ्यः शुचिरा पूत एमि॥
– यजुर्वेद 4.2

माता के समान (शान्तिदायक) ये जल हमें पवित्र करें। ये जल अपने सामर्थ्य से पवित्र करने वाले हैं, ये हमें पवित्र करें। ये दिव्य जल निश्चय ही हमारे सब दोषों को दूर बहा देते हैं, शुद्ध और पवित्र होकर मैं इन जलों से ऊपर आता हूँ।

Waters are our mothers

āpo asmān mātaraḥ śundhayantu
ghṛtena no ghṛtapvaḥ punantu ।
viśvaṁ hi ripraṁ pravahanti devīrudidābhyaḥ
śucirā pūta emi ।। – *YV* 4.2

May these waters, the mothers of all, cleanse us. May the purifiers purify us as if with melted butter. These divine waters ward off all the dirt. Purified with these all around, I rise up clean and pure.

IV.26

जल कल्याणकारी हैं

आपो हि ष्ठा मयोभुवस्ता न ऊर्जे दधातन।
महे रणाय चक्षसे॥ – यजुर्वेद 11.50

हे जलों! आप सुख देने वाले हो! ऐसे आप हम में शक्ति को धारण कराएं। आप हमारे विशाल बल को बढ़ाने के लिए हमें बलशाली होने का अनुभव कराएं।

The waters are benevolent

āpo hi ṣṭhā mayobhuvastā na ūrje dadhātana ।
mahe raṇāya cakṣase ।। – *YV* 11.50

O Waters! you are bestowers of happiness. Please bestow strength upon us. Help us to have vigour as well as a grand and pleasing vision.

IV.27

मेघ सुखकारी हो

यस्य व्रते पृथिवी नन्नमीति यस्य व्रते शफवज्जर्भुरीति।
यस्य व्रत ओषधीर्विश्वरूपाः स नः पर्जन्य महि शर्म यच्छ॥
– ऋग्वेद 5.83.5

हे मेघ! जिसके कर्म के कारण पृथिवी अत्यन्त उपजाऊ होती है, जिसके कर्म के कारण सभी प्राणी पुष्ट होते हैं, जिसके कर्म के कारण वृक्ष-वनस्पतियाँ नाना रूप धारण करती हैं – ऐसा तू हमें बहुत सुख देने वाला हो।

May the cloud be beneficial

yasya vrate pṛthivī nannamīti
yasya vrate śaphavajjarbhurīti ।
yasya vrata oṣadhīrviśvarūpāḥ
sa naḥ parjanya mahi śarma yaccha ।। – *ṚV* 5.83.5

O Cloud! you are the one under whose supremacy the earth grows fertile; under whose regime all creatures thrive; and at whose behest, plants assume all colours. May you grant happiness and prosperity for us all.

IV.28

नदियाँ हमारे लिए शुभ हों

याः प्रवतो निवत उद्वत उदन्वतीरनुदकाश्च याः।
ता अस्मभ्यं पयसा पिन्वमानाः शिवा देवीरशिपदा भवन्तु।
सर्वा नद्यो अशिमिदा भवन्तु॥ – ऋग्वेद 7.50.4

जो नदियाँ गहरी ढलान वाले देश में बहती हैं, जो निम्न प्रदेश में और जो उच्च प्रदेश में चलती हैं, जो जल से (लबालब) भरी रहती हैं और जिनमें थोड़ा जल रहता है – वे सब नदियाँ जल से तृप्त करती हुई हमारे लिए रोगों को दूर करने वाली हों तथा कल्याणकारिणी हों।

May the rivers be propitious to us

yāḥ pravato nivata udvata udanvatīranudakāśca yāḥ ।
tā asmabhyaṁ payasā pinvamānāḥ śivā devīraśipadā bhavantu ।
sarvā nadyo aśimidā bhavantu ।। – *R̥V* 7.50.4

May the divine rivers, whether flowing down the steep declivities, the valleys or the heights, whether in the channels full of water or dry, or all those who swell with water, be auspicious to us and never afflict us with disease; may all the rivers keep us free from harm.

IV.29

पर्वत और नदियाँ साधनास्थल हैं

उपह्वरे गिरीणां सङ्गमे च नदीनाम्।
धिया विप्रो अजायत॥ – *सामवेद* 1.143

पर्वतों की तलहटी में (उतराई पर) और नदियों के सङ्गम-स्थल पर ही (विचारशील) मनुष्य बुद्धि से ज्ञानी बनता है।

Mountains and rivers are the abode for austerities

upahvare girīṇāṁ saṅgame ca nadīnām ।
dhiyā vipro ajāyata ।। – *SV* 1.143

The supreme knowledge dawns upon him who practises austerities in the valleys of mountains and confluence of rivers.

IV.30

नदियाँ, जल और पक्षी सुखप्रद हों

संं सं स्रवन्तु नद्य: सं वाता: सं पतत्रिण: । – *अथर्ववेद* 19.1.1

परस्पर मिलने के लिए नदियाँ भली-भाँति चलती रहें, वायु सुखपूर्वक बहती रहे, पक्षी अच्छी प्रकार से उड़ते रहें।

May the rivers, waters and birds be positive

saṁ saṁ sravantu nadyaḥ saṁ vātāḥ saṁ patatriṇaḥ ।
– *AV* 19.1.1

May the noisy streams flow, the winds blow and the birds flock to meet together.

IV.31

अग्नि शीतलता से संयुक्त हो

हिमस्य त्वा जरायुणाग्ने परि व्ययामसि। – यजुर्वेद 17.5

हे दिव्य अग्नि, हम तुम्हें हिम की मेखला से परिवेष्टित करते हैं।

May the fire be benign

himasya tvā jarāyuṇāgne pari vyayāmasi । – *YV* 17.5

O Fire Divine! we girdle you with the chorion of ice.

IV.32

पर्वत और जल सुखकारी हों

आ शर्म पर्वतानामोतापां वृणीमहे।
द्यावाक्षामारे अस्मद्रपस्कृतम्॥ – ऋग्वेद 8.18.16

हम पर्वतों और (उन पर बरसने वाले) जलों से सुख की कामना करते हैं। द्युलोक और पृथिवीलोक हमारी बुराइयों को दूर करें।

May the mountains and rivers be beneficial

ā śarma parvatānāmotāpāṁ vr̥ṇīmahe ।
dyāvākṣāmāre asmadrapaskr̥tam ।। – *R̥V* 8.18.16

We solicit the happiness of mountains and of waters. May the heaven and the earth remove iniquity far from us.

IV.33

पर्वत, नदियाँ और सूर्य सुखद हों

आ शर्म पर्वतानां वृणीमहे नदीनाम्।
आ विष्णोः सचाभुवः ॥ – ऋग्वेद 8.31.10

हम सब पर्वतों से और नदियों से सुख माँगते हैं। दिव्य शक्तियों के साथ प्रकाशित होने वाले व्यापक सूर्य (संसार के पोषक विष्णु) से भी हम सुख की कामना करते हैं।

May the mountains, rivers and the sun be kind to us

ā śarma parvatānāṁ vr̥ṇīmahe nadīnām ।
ā viṣṇoḥ sacābhuvaḥ ।।   – *R̥V* 8.31.10

We solicit the happiness afforded by the hills, the rivers and the sun associated with other divine powers.

IV.34

जल और वायु शुद्ध हों

महान्तं कोशमुदचाभि षिञ्च सविद्युतं भवतु वातु वातः ।
तन्वतां यज्ञं बहुधा विसृष्टा आनन्दिनीरोषधयो भवन्तु ॥
– *अथर्ववेद* 4.15.16

(हे वायुदेव!) बड़े-बड़े जलों के कोश (मेघों) को प्रेरित करो और सब ओर जल बरसाओ; आकाश में बिजलियाँ चमकें और वायु बहे। इस प्राकृतिक यज्ञ को विस्तृत करो जिससे कि बहुत प्रकार से उत्पन्न हुई, आनन्द देने वाली औषधियाँ फले-फूलें।

May the water and air be pure

mahāntaṁ kośamudacābhi ṣiñca
savidyutaṁ bhavatu vātu vātaḥ ।
tanvatāṁ yajñaṁ bahudhā visṛṣṭā
ānandinīr-oṣadhayo bhavantu ।। – *AV* 4.15.16

May you (the air) lift up the huge cloud (*kośa* or vessel) from the ocean and may you pour it (on earth). May the mid-space become charged with lightning. May you blow forcefully.

May the waters raining in various forms strengthen the sacrificial rites/noble acts. May the plants and shrubs rejoice all over.

IV.35

वायु कल्याण करे

वायवायाहि वीतये। – ऋग्वेद 5.51.5

हे वायु! हम सबके कल्याण के लिए आओ।

May the air bring us health

vāyavāyāhi vītaye । – *R̥V* 5.51.5

Come O Lord of vitality! for our well-being.

IV.36

वायु कल्याणकारी हो

वायवायाहि दर्शत । – ऋग्वेद 1.2.1

हे प्राणदायक वायु ! तुम आओ !

May the air bring us vitality

vāyavāyāhi darśata । – *R̥V* 1.2.1

O Lord of Cosmic Vitality! come to us.

IV.37

सब कुछ प्राणवायु में प्रतिष्ठित हैं

प्राणमाहुर्मातरिश्वानं वातो ह प्राण उच्यते ।
प्राणे ह भूतं भव्यं च प्राणे सर्वं प्रतिष्ठितम् ॥ – *अथर्ववेद* 11.4.15

प्राण को मातरिश्वा कहते हैं और वायु को ही प्राण कहा जाता है। भूत, भविष्य और सब कुछ जो वर्तमान है – वह सब प्राण में ही प्रतिष्ठित होकर रहता है।

Everything is sustained by vital air

prāṇamāhurmātariśvānaṁ vāto ha prāṇa ucyate ।
prāṇe ha bhūtaṁ bhavyaṁ ca prāṇe sarvaṁ pratiṣṭhitam ।।
– *AV* 11.4.15

They (the learned ones/sages) call the vital breath (*prāṇa*) as Mātariśvan; the air is called vital breath. In vital breath is all established, whatever has been and whatever will be.

IV.38

संसार प्राणवायु के वश में हैं

प्राणाय नमो यस्य सर्वमिदं वशे।
यो भूतः सर्वस्येश्वरो यस्मिन्त्सर्वं प्रतिष्ठितम्॥ – *अथर्ववेद* 11.4.1

उस प्राण के लिए हम सबका नमस्कार है, जिसके वश में यह सब जगत् है, जो सबका ईश्वर है और जिसमें समस्त संसार आश्रित है।

The world is controlled by vital air

prāṇāya namo yasya sarvamidaṁ vaśe ।
yo bhūtaḥ sarvasyeśvaro yasmintsarvaṁ pratiṣṭhitam ।।
–*AV* 11.4.1

We offer our homage to vital breath (*prāṇa*) – in whose control is this all, who has been the Lord of all, and in whom all stands steady/firm.

IV.39

वायु अनुकूल बहे

आशामाशां विद्योततां वाता वान्तु दिशो दिशः ।
मरुद्भिः प्रच्युता मेघा वर्षन्तु पृथिवीमनु ॥ – *अथर्ववेद* 4.15.8

प्रत्येक दिशा में विद्युत् का प्रकाश हो, प्रत्येक दिशा में वायु बहे, वायुओं द्वारा चलाए गए मेघ पृथिवी की ओर अनुकूलता से बरसें।

May the wind blow in a benign manner

āśāmāśāṁ vidyotatāṁ vātā vāntu diśo diśaḥ ।
marudbhiḥ pracyutā meghā varṣantu pṛthivīmanu ।।
– *AV* 4.15.8

May the lightning flash each and every side; may the gusty winds blow from each and every direction.

May the rain, bearing clouds and urged by stormy winds, rush to the earth in a pleasing manner.

IV.40

वायु शुद्ध होकर बहे

वात आं वातु भेषजम्। – *सामवेद* 1.184

वायु शुद्ध हो और हम सबके आरोग्य के लिए बहे!

May the pure air blow

vāta ā vātu bheṣajam । – *SV*, 1.184

May the cosmic wind (be pure and) bring us health.

IV.41

वायु, जल और वनस्पतियाँ माधुर्ययुक्त हों

मधु वाता ऋतायते मधु क्षरन्ति सिन्धवः ।
माध्वीर्नः सन्त्वोषधीः । – *यजुर्वेद* 13.27

मधु नक्तमुतोषसो मधुमत्पार्थिवं रजः ।
मधु द्यौरस्तु नः पिता ॥ – *यजुर्वेद* 13.28

मधुमान्नो वनस्पतिर्मधुमाँ अस्तु सूर्यः ।
माध्वीर्गावो भवन्तु नः ॥ – *यजुर्वेद* 13.29

मर्यादित जीवन जीने वाले के लिए वायु मधुर है, नदियाँ मधुर होकर बहती हैं, हमारे लिए समस्त औषधियाँ मधुर रस से युक्त हों।

हम सबके लिए पिता-तुल्य द्युलोक मधुर हो, पृथिवी की धूलि हमारे लिए मधु के समान सुखप्रद हो। रात्रि और प्रभात वेला भी हमारे लिए मधुर हो और गायें हमें मधुर रसयुक्त क्षीर प्रदान करें। वनस्पतियाँ हमारे लिए मधुर हों और सूर्य हमें मधुर प्रकाश दे।

Wind, waters and herbs be sweet for us all

madhu vātā ṛtāyate madhu kṣaranti sindhavaḥ ।
mādhvīrnaḥ santvoṣadhīḥ ।। – *YV* 13.27

madhu naktamutoṣaso madhumatparthivaṁ rajaḥ ।
madhu dyaurastu naḥ pitā ।। – *YV* 13.28

madhumānno vanaspatirmadhumām̐ astu sūryaḥ ।
mādhvīrgāvo bhavantu naḥ ।। – *YV* 13.29

The wind blows sweetly on its own for the one who leads a regulated life; the rivers glide on sweetly. May the herbs yield sweetness to us.

May the night be sweet; so also the dawn. May the dust of the earth be full of sweetness. May the celestial region be sweet to us.

May the trees be sweet; may the sun be imbued with sweetness; may our milch-kine be sweet to us.

IV.42

प्राणवायु अमर है

वायुरनिलममृतम्। – यजुर्वेद 40.15

अपार्थिव प्राणवायु अमर है।

The vital air is immortal

vāyuranilamamṛtam । – *YV* 40.15

The vital breath is immortal in the form of elemental air.

IV.43

हमें कल्याणकारी औषधियाँ प्राप्त हों

तन्नो वातो मयोभु वातु भेषजं तन्माता पृथिवी तत्पिता द्यौः।
तद् ग्रावाणः सोमसतो मयोभुवस्तदश्विना शृणुतं धिष्ण्या युवम्॥
– यजुर्वेद 25.17

वायु उस सुखदायी औषध को हमारे पास बहाए, पृथिवी माता और द्यौ पिता उस औषध को हमें दें। सोमरस[1] (आनन्ददायक रस) निकालने वाले सुखकारी पत्थर वह औषध हमें दें। हे दिव्य वैद्य-युगल! तुम दोनों ध्यानपूर्वक हमारी स्तुतियाँ/प्रार्थनाएं सुनो।

May we attain beneficial herbs

tanno vāto mayobhu vātu bheṣajaṁ
tanmātā pṛthivī tatpitā dyauḥ ।
tad grāvāṇaḥ somasuto mayobhuvas-
tadaśvinā śṛṇutaṁ dhiṣṇyā yuvam ।। – *YV* 25.17

May the air bring healing cure for us, and so be the mother earth, and the father heaven/sky. May the medicinal juices,[2] extracted with the pressing stones, be conducive to our health.

May you, the dual expert physicians and surgeons, listen to our prayers.

---

1 **औषधिः सोमः** – सोम दिव्य औषधियुक्त एक विशेष लता का नाम है जो निचोड़े जाने पर अमृततुल्य शीतल रस देती है। – *Nirukta*, 11.3

2 *Nirukta*, 11.01.03

IV.44

औषधियाँ हमें रोगमुक्त करें

याः फलिनीर्या अफला अपुष्पा याश्च पुष्पिणीः।
बृहस्पतिप्रसूतास्ता नो मुञ्चन्त्वंहसः॥
– ऋग्वेद 10.97.15, यजुर्वेद 12.89

जो औषधियाँ फल वाली हैं, जो फलरहित हैं; जो फूल वाली नहीं हैं और जो फूल वाली हैं – वे सब बृहस्पति (यानि ज्ञानी वैद्य) की प्रेरणा से हमें रोग से छुड़ाएं।

May all the herbs save us from diseases

yāḥ phalinīryā aphalā apuṣpā yāśca puṣpiṇīḥ ।
bṛhaspatiprasūtāstā no muñcantvaṁhasaḥ ।।
– *R̥V* 10.97.15, *YV* 12.89

May all the herbs, fruit-bearing as well as fruitless, flowering as well as flowerless – release us from the fetters of disease cultivated by the expert physician and inspired by the Lord Supreme.

IV.45

औषधियाँ रसयुक्त हों

पयस्वतीरोषधयः पयस्वन्मामकं वचः ।
अथो पयस्वतीनामा भरेह सहस्रशः ॥ – *अथर्ववेद* 3.24.1

औषधियाँ रसयुक्त हों, मेरी वाणी रसवती हो। उन रसयुक्त औषधियों से मैं हजार गुना अन्न प्राप्त करूँ।

May the herbs be full of sap

payasvatīroṣadhayaḥ payasvanmāmakaṁ vacaḥ ।
atho payasvatīnāmā bhareha sahasraśaḥ ।। – *AV* 3.24.1

May the plants be full of substantial sap, may my words be full of this substance too. May I produce thousand times of grain of the plants full of substance.

IV.46

औषधियाँ हमारे लिए स्वास्थ्यप्रद हों

या रोहन्त्याङ्गिरसीः पर्वतेषु समेषु च।
ता नः पयस्वतीः शिवा ओषधीः सन्तु शं हृदे॥ – *अथर्ववेद* 8.7.17

वे औषधियाँ जो पर्वतों पर और समतल भूमि पर उगती हैं तथा हमारे शरीर के अङ्गों को दुग्ध की भाँति पोषण प्रदान करती हैं, वे हमारे हृदय के लिए शुभ होवें।

May the herbs be healthy for us

yā rohantyāṅgirasīḥ parvateṣu sameṣu ca ।
tā naḥ payasvatīḥ śivā oṣadhīḥ santu śaṁ hṛde ।। – *AV* 8.7.17

May the herbs, which fill the limbs with sap, and which grow on mountains and plains, and which are rich in water/milk, be propitious to us and beneficial for heart.

IV.47

उषा सुखदायिनी हो

विश्वमस्या नानाम चक्षसे जगज्योतिष्कृणोति सूनरी।
अप द्वेषो मघोनी दुहिता दिव उषा उच्छद् अप स्रिधः॥
– ऋग्वेद 1.48.8

ज्यों ही यह उत्तम भाग्यशाली उषा स्वयं को प्रकाशित करती है, सब जगत् इस उषा को देखने के लिए झुकता (नमन करता) है।

ऐश्वर्यमयी यह दिव्य कन्या उषा कान्तिमती होकर सभी दुर्भावनाओं और दुष्टों को दूर करती है।

May the dawn be propitious to us

viśvamasyā nānāma cakṣase jagajjyotiṣkṛṇoti sūnarī ।
apa dveṣo maghonī duhitā diva uṣā ucchada apa sridhaḥ ।।
– *ṚV* 1.48.8

All living creatures bend to meet her glance, as this glorious dawn manifests her light (in the form of a shining damsel).

This graceful daughter of heaven radiates and keeps all the foes and opponents away.

IV.48

उषा प्रबोधिनी है

आवहन्त्यरुणीर्ज्योतिषागान् मही चित्रा रश्मिभिश्चेकिताना।
प्रबोधयन्ती सुविताय देवी उषा ईयते सुयुजा रथेन॥
– ऋग्वेद 4.14.3

धन-वैभव को धारण करने वाली, अरुण वर्ण वाली, ज्योति से महनीय एवं किरणों से सुन्दर, सबका निरीक्षण करने वाली तथा दिव्य गुणों वाली उषा प्रकट हुई है। वह जीवमात्र को जगाती हुई सुशोभित रथ द्वारा सबके कल्याण के निमित्त सर्वत्र जाती है।

The dawn awakens us all

āvahantyaruṇīrjyotiṣāgān mahī citrā raśmibhiścekitānā ।
prabodhayantī suvitāya devī uṣā īyate suyujā rathena ।।
– *R̥V* 4.14.3

The great and intelligent dawn, variegated with many coloured rays, bringing opulence, has come with her lustre.

The divine dawn, awakening everyone, proceeds with her well-harnessed chariot to bestow well-being.

5

मैत्री/सौहार्द
Friendship/Amity

मैत्री/सौहार्द

वैदिक संस्कृति "विश्ववारा" संस्कृति है, अतः इसमें सर्वत्र सभी मनुष्यों, अन्य मनुष्येतर प्राणियों और जीवों के मध्य सहज सौहार्द एवं मैत्री की कामनाएं मिलती हैं, तद्यथा –

सर्वा आशा मम मित्रं भवन्तु । – *अथर्व०* 19.15.6

मित्रस्याहं चक्षुषा सर्वाणि भूतानि समीक्षे।
मित्रस्य चक्षुषा समीक्षामहे॥ – *यजु०* 36.8

वेदमन्त्रों में किसी प्रकार के वर्गभेद, लिङ्ग-वैषम्य अथवा साम्प्रदायिक विद्वेष का सङ्केत नहीं मिलता। इसके विपरीत विश्व के सभी मनुष्यों को अमृत की सन्तान कहकर सम्बोधित किया गया है –

शृण्वन्तु विश्वे अमृतस्य पुत्राः । – ऋ०/*यजु०* 11.5

तथा उन्हें परस्पर एक-दूसरे के प्रति सौहार्दपूर्ण संरक्षण का सन्देश दिया गया है –

पुमान् पुमांसं परिपातु विश्वतः। – ऋ० 6.75.14

मनुष्य मात्र में स्नेह, अभय, सहृदयता, सामञ्जस्य एवं संज्ञान के द्वारा मैत्री भाव का विस्तार सहज हो जाता है। अतः वेदमन्त्रों में इन सब सकारात्मक भावनाओं के विकास हेतु उद्बोधन दिया गया है। साथ ही, मित्रों के साथ बाटँकर खाने का सन्देश एवं परस्पर अविद्वेष रखने का उपदेश वैदिक चिन्तन को सनातन महत्त्व प्रदान करता है, तद्यथा –

न स सखा यो न ददाति सख्ये। – ऋ० 10.117.4

केवलाघो भवति केवलादी। – ऋ० 10.117.6

Friendship/Amity

Vedic culture is essentially universal. Therefore we find prayers for the goodwill and friendship among all the human beings and other living beings:

sarvā āśā mama mitraṁ bhavantu । – *AV* 19.15.5

mitrasyāhaṁ cakṣuṣā sarvāṇī bhūtānī samīkṣe ।
mitrasya cakṣuṣā samīkṣāmahe ।। – *YV* 36.8

Traces of sectarian divide, gender-discrimination or communal hatred are not to be seen anywhere in the Vedic verses. On the contrary, all human beings are addressed as "progeny of the divine":

śṛṇvantu viśve amṛyasya putrāḥ । – *ṚV/YV* 11.5

It is proclaimed that all humans must protect each other:

pumān pumāṁsaṁ paripātu viśvataḥ । – *ṚV* 6.75.14

The Vedas enunciate the ideas of mutual love, fearlessness, concord and goodwill for spreading the feeling of friendship; it is through such positive emotions that a sense of mutual fraternity and unity will be made possible.

Not only this, the Vedas ordain that one should not only share his food and wealth with friends but also try to be free of negative feelings towards them:

- *na sa sakhā yo na dadāti sakhye* । – *ṚV* 10.117.4
- *kevalāgho bhavati kevalādī* । – *ṚV* 10.117.6
- *saṁjñaṁ naḥ svebhiḥ saṁjñāmaraṇebhiḥ* । – *AV* 7.52.1

V.1

एक मनुष्य दूसरे मनुष्य की रक्षा करे

पुमान् पुमांसं परिपातु विश्वतः। – ऋग्वेद 6.75.14

एक मनुष्य दूसरे मनुष्य की सभी प्रकार से रक्षा करे।

One person should protect the other

pumān pumāṁsaṁ paripātu viśvataḥ । – *R̥V* 6.75.14

May one person protect the other person by all means.

V.2

प्रभु मित्रों को बल दें

य इन्द्र शुष्मो मघवन्ते अस्ति
शिक्षा सखिभ्यः पुरुहूत नृभ्यः । – ऋग्वेद 7.27.2

हे अनेकों द्वारा प्रार्थित ऐश्वर्यशाली प्रभो ! जो तेरा (महनीय) बल (सामर्थ्य) है, वह तू सभी समान विचार वाले (मैत्री-भाव वाले) मनुष्यों को दे !

May Lord grant strength to friends

ya indra śuṣmo maghavante asti
śikṣā sakhibhyaḥ puruhūta nṛbhyaḥ । – *ṚV* 7.27.2

O Affluent and Bounteous Lord! bestow your (adorable) strength to sustain all the human beings who are friendly (to each other).

V.3

सब मनुष्यों में मैत्री रहे

सध्रीचीनान्वः सम्मनसस्कृणोम्येकश्नुष्टीन्त्संवननेन सर्वान्।
देवा इवामृतं रक्षमाणाः सायं प्रातः सौमनसो वो अस्तु॥
– *अथर्ववेद* 3.30.7

सब मनुष्य सदा मिल-जुलकर रहें। परस्पर मिलकर काम करने वाले तुम सब मनुष्यों को मैं (परमात्मा) समान मन वाले और एक ही ध्येय के लिए कार्यरत करता हूँ जिससे कि अमृतत्व की रक्षा करने वाली दिव्य शक्तियों की भाँति तुम सब प्रातः-सायं परस्पर प्रमुदित रहो।

May all humans be friendly to each other

sadhrīcīnānvaḥ saṁmanasaskr̥ṇomyekaśnuṣṭīntsaṁvananena sarvān ।
devā ivāmr̥taṁ rakṣamāṇāḥ sāyaṁ prātaḥ saumanaso vo astu ।।
– *AV* 3.30.7

Endowed with a harmonious attitude, I make all of you like-minded and sharing a common wavelength.

Let you be friendly to each other like the divine ones, who guard immortality in the morning as well as in the evening.

V.4

हम सब मित्र की दृष्टि से देखें

दृते दृंह मा मित्रस्य चक्षुषा सर्वाणि भूतानि समीक्षन्ताम्।
मित्रस्याहं चक्षुषा सर्वाणि भूतानि समीक्षे मित्रस्य चक्षुषा समीक्षामहे॥
– यजुर्वेद 36.18

हे प्रभो! मुझे सबल बनाओ। सब प्राणी मुझे मित्र की दृष्टि से देखें। मैं सब प्राणियों को मित्र की दृष्टि से देखूँ। हम सब परस्पर मित्र की दृष्टि से देखें।

May we all look at each other as a friend

dṛate dṛaṁha mā mitrasya cakṣuṣā
sarvāṇi bhutāni samīkṣantām ।
mitrasyāhaṁ cakṣuṣā sarvāṇi bhūtāni
samīkṣe mitrasya cakṣuṣā samīkṣāmahe ।।
– *YV* 36.18

Oh Lord! make me firm in times of distress. May all the beings look at me with a friendly eye. May I see all the beings with a friendly eye. Thus may we all be looked at with a friendly eye.

V.5

हमारी मैत्री मङ्गलमय हो

मार्किर्न एना सख्या वि यौषुस्तव चेन्द्र विमदस्य च ऋषे: ।
विद्मा हि ते प्रमतिं देव जामिवदस्मे ते सन्तु सख्या शिवानि ॥
– ऋग्वेद 10.23.7

हे ऐश्वर्यशाली प्रभो! तेरे और विनम्र ऋषि के मध्य जो मैत्री-भाव है, वह कोई न तोड़े और यह कभी नष्ट न हो।
हे देव! हम तेरी सहोदरवत् स्नेहमयी बुद्धि को जानते हैं, तेरा वह सौहार्दमय मैत्री-भाव हमारे लिए कल्याणकारी हो।

May our friendship bring happiness

mākirna enā sakhyā vi yauṣustava
cendra vimadasya ca ṛṣeḥ ।
vidmā hi te pramatiṁ deva jāmivadasme
te santu sakhyā śivāni ।। – *ṚV* 10.23.7

O Divine Lord! never may these friendships of yours and of the humble sages be diminished. May your attachment be like that of a kith and kin; may the friendship between us be beneficial.

V.6

सब जीवों के प्रति मेरा सद्भाव हो

यांश्च पश्यामि यांश्च न तेषु मा सुमतिं कृधि। – *अथर्ववेद* 17.1.7

(हे प्रकाशक सूर्य!) मुझमें ऐसी मित्रता का भाव भर दो कि मैं जिन्हें देखूँ, उनके प्रति और जिन्हें न देखूँ उनके प्रति भी सद्भावना रखूँ।

May I be kind to all the beings

yāṁśca paśyāmi yāṁśca na teṣu mā sumatiṁ kṛdhi ।

– *AV* 17.1.7

O Illuminating Sun! May you cultivate a friendship in me with all those whom I see and even with those whom I do not see.

V.7

सबके साथ हमारा सौहार्द हो

संज्ञानं नः स्वेभिः संज्ञानमरणेभिः ।
संज्ञानमश्विना युवमिहास्मासु नियच्छतम् ॥ – *अथर्ववेद* 7.54.1

हमारा अपने परिचितों के साथ उत्तम (संज्ञान) समझौता हो, तथा जो हमसे परिचित नहीं हैं, उनके साथ भी हमारा भली-भाँति तालमेल रहे।

हे अश्विनीद्वय![1] तुम दोनों हमें उत्तम ज्ञान प्रदान करो।

May we have goodwill among us

saṁjñānaṁ naḥ svebhiḥ saṁjñānamaraṇebhiḥ ।
saṁjñānamaśvinā yuvamihāsmāsu niyacchatam ।।
– *AV* 7.54.1

May there be proper understanding with our own people, proper understanding with strangers.

O *aśvinau* (twins divine)! may both of you develop proper understanding among us here.

1 व्यापक द्युलोक एवं पृथिवी। – *Nirukta* 12.01.02

V.8

सर्वत्र अभय हो

अभयं नः करत्यन्तिरक्षमभयं द्यावापृथिवी उभे इमे।
अभयं पश्चादभयं पुरस्तादुत्तरादधरादभयं नो अस्तु॥
– *अथर्ववेद* 19.15.5

अन्तरिक्ष हमें अभय प्रदान करे, ये दोनों – द्युलोक और भूलोक हमें निर्भय करें। हमारे लिए पीछे से अभय हो, सामने से अभय हो; ऊपर से अभय हो और नीचे से अभय हो।

May all be free from fear

abhayaṁ naḥ karatyantirakṣamabhayaṁ
dyāvāpṛthivī ubhe ime ।
abhayaṁ paścādabhayaṁ purastāduttarā-
dadharādabhayaṁ no astu ।। – *AV* 19.15.5

May the mid-space make us free from fear; may both these heaven and earth be free from fear for us.

May there be no fear to us from behind, from front, from above as well as from below.

V.9

हम सबसे निर्भय हों

अभयं मित्रादभयममित्रादभयं ज्ञातादभयं परोक्षात्।
अभयं नक्तमभयं दिवा नः **सर्वा आशा मम मित्रं भवन्तु** ॥
– *अथर्ववेद* 19.15.6

मित्र से और शत्रु से – हमारे लिए अभय हो, जाने हुए (परिचित) से अभय हो और न जाने हुए (परोक्ष) से अभय हो।

रात्रि और दिन – दोनों हमारे लिए अभय हों, सभी दिशाएं मेरी मित्र बनें।

May there be no fear from anyone

abhayaṁ mitrādabhayamamitrādabhayaṁ
jñātādabhayaṁ parokṣāt ।
abhayaṁ naktamabhayaṁ divā naḥ
sarvā āśā mama mitraṁ bhavantu ।। – *AV* 19.15.6

May there be no fear from a friend; no fear from a foe; no fear of someone known to us; no fear of the unknown one. May there be no fear at night, no fear in the day for us.

May all the quarters/regions be friendly to me.

V.10

हम परस्पर द्वेष न करें

बाधतां द्वेषो अभयं कृणोतु सुवीर्यस्य पतयः स्याम।

– ऋग्वेद 6.47.12

हम सबके मध्य रहने वाली द्वेष आदि दुर्भावनाएं (जो हमारी प्रगति की बाधक हैं) नष्ट हो जाएं तथा वह रक्षक (प्रभु) हमें अभय प्रदान करे।

हम सब शुभ पराक्रम के स्वामी बनें।

May we not feel jealous of anyone

bādhatāṁ dveṣo abhayaṁ kr̥ṇotu suvīryasya patayaḥ syāma ।

– *R̥V* 6.47.12

May the ill feelings like aversion and enmity that obstruct our way to progress be destroyed and thereby give us rest and safety.

May we be the possessors of excellent strength.

V.11

मित्र परस्पर प्रसन्न रहें

सर्वे नन्दन्ति यशसागतेन सभासाहेन सख्या सखाय: ।
किल्विषस्पृत्पितुषणिर्ह्येषामरं हितो भवतु वाजिनाय ॥
– ऋग्वेद 10.71.10

सभी समान ज्ञान और योग्यता वाले मित्र सभा में प्राधान्य पाने वाले यशस्वी मित्र (की सफलता) से आनन्दित होते हैं।

वह (सफल मित्र) इनके मध्य विषमता को दूर करता है और दाता बनकर इन सबको सामर्थ्य प्रदान करने में सक्षम होता है।

May the friends rejoice together

sarve nandanti yaśasāgatena sabhāsāhena sakhyā sakhāyaḥ ।
kilviṣaspṛtpituṣaṇirhyeṣāmaraṁ hito bhavatu vājināya ।।
– *ṚV* 10.71.10

All those friends who are equal in capabilities, rejoice when a friend comes in triumph, having acquired the support of scholars in the assembly.

He (the winner friend) becomes the dispeller of iniquity and the provider of sustenance to all others; his presence is sufficient for their fresh inspiration.

V.12

हम अपने मित्र के साथ बाँटकर खाएं

न स सखा यो न ददाति सख्ये सचाभुवे सचमानाय पित्वः।
अपास्मात्प्रेयान्न तदोको अस्ति पृणन्तमन्यमरणं चिदिच्छेत्॥
– ऋग्वेद 10.117.4

वस्तुतः वह मित्र ही नहीं है जो अपने साथ रहने वाले और सेवा करने वाले मित्र को अन्न नहीं देता।

इस प्रकार के अदाता कृपण मनुष्य को छोड़कर दूर जाना ही उचित है, उसका गृह रहने योग्य नहीं होता। जो अन्न से तृप्त करता है, उसको ही सब उत्तम दाता के रूप में चाहने लगते हैं।

May we share our wealth with our friend

na sa sakhā yo na dadāti sakhye
sacābhuve sacamānāya pitvaḥ ।
apāsmātpreyānna tadoko asti pṛṇanta-
manyamaraṇaṁ cidicchet ।। – *ṚV* 10.117.4

He is not a real friend who does not offer food/help to his friend, associate and to his companion.

(What a pity) if a needy person goes disappointed from his house. Let him rather seek help at the door of some more liberal person.

V.13

अकेला खाने वाला पापी होता है

मोघमन्नं विन्दते अप्रचेता: सत्यं ब्रवीमि वध इत्स तस्य।
नार्यमणं पुष्यति नो सखायं **केवलाघो भवति केवलादी** ॥
– ऋग्वेद 10.117.6

कृपण (अदाता) मनुष्य व्यर्थ ही सम्पत्ति आदि प्राप्त करता है। मैं सत्य कहता हूँ, उसका यह जीवन, मरण (के समान निरर्थक) ही है।

जो न तो दिव्य शक्तियों को अर्पण करता है न ही अपने पोष्य मित्र को देता है – अकेला स्वयं खाता है, वह केवल पाप का ही भागी होता है।

He who eats alone is a sinner

moghamannaṁ vindate apracetāḥ
satyaṁ bravīmi vadha itsa tasya ।
nāryamaṇaṁ puṣyati no sakhāyaṁ
kevalāgho bhavati kevalādī ।। – *ṚV* 10.117.6

The miser person, who shows no hospitality, acquires food/wealth in vain; To tell the truth, his acquisition will itself cause his ruin.

He does not find a faithful friend; he who eats alone, verily eats nothing but a sin.

V.14

हम सब शुभ शक्तियों को प्राप्त करें

उत्तिष्ठता प्र तरता सखायोऽश्मन्वती नदी स्यन्दत इयम्।
अत्रा जहीत ये असन्नशिवाः शिवान्त्स्योनानुत्तरेमाभिवाजान्॥
– *अथर्ववेद* 12.2.27

हे मित्रों! उठो और तैरो – यह पथरीली नदी वेग से चल रही है। जो अशुभ हैं, उन्हें यहीं छोड़ दो और जो शुभ एवं सुखदायक हैं – उन्हें लेकर हम नदी पार करें।

May we attain positive powers

uttiṣṭhatā pra taratā sakhāyo 'śmanvatī
nadī syandata iyam ।
atrā jahīta ye asannaśivāḥ śivāntsyonān-
uttaremābhivājān ।। – *AV* 12.2.27

O Friends! stand up, pass over, the stony river runs here; quit ye here them that are unpropitious; may we cross over with propitious pleasant powers.

V.15

सब में आत्मा को अनुभव करने वाला संशय नहीं करता

यस्तु सर्वाणि भूतान्यात्मन्येवानुपश्यति।
सर्वभूतेषु चात्मानं ततो न विचिकित्सति॥ – *यजुर्वेद* 40.6

जो वास्तव में सब पदार्थों और प्राणियों को आत्मा में ही अनुभव से देखता है और उन सब में आत्मा को अनुभव करता है – वह किसी प्रकार का संशय नहीं करता (आत्मैकत्व की महिमा का प्रत्यक्ष करता है) – विश्वास में स्थिर हो जाता है।

He does not doubt who sees oneself in all

yastu sarvāṇi bhūtānyātmanyevānupaśyati ।
sarvabhūteṣu cātmānaṁ tato na vicikitsati ।। – *YV* 40.6

He, who realizes all the beings in oneself and oneself in all the beings, suffers not from doubts whatsoever, thereafter.

V.16

हम दोनों (पति-पत्नी) परस्पर प्रेमपूर्वक साथ रहें

अक्ष्यौ नौ मधुसङ्काशे, अनीकं नौ समञ्जनम्।
अन्तःकृणुष्व मां हृदि, मन इन्नौ सहासति॥ – *अथर्ववेद* 7.37.1

गृहस्थाश्रम में रहते हुए हम दोनों की आँखें मधु से सिक्त हों, हम दोनों का साहचर्य स्नेहिल हो। तुम मुझे अपने हृदय में रख लो, हम दोनों का मन सदा साथ रहे।

May husband and wife be together with love

akṣyau nau madhusaṁkāśe, anīkaṁ nau samañjanam ।
antaḥkr̥ṇuṣva māṁ hr̥di, mana innau sahāsati ।।
– *AV* 7.37.1

May the eyes of both of us (spouses) be shining sweet. May our togetherness be loving to each other.

May you place me within your heart, may our minds remain united for ever!

V.17

तुम दोनों (पति-पत्नी) सदा साथ रहो

इहैव स्तं मा वि यौष्टं विश्वमायुर्व्यश्नुतम्।
क्रीळन्तौ पुत्रैर्नप्तृभिर्मोदमानौ स्वे गृहे॥ – ऋग्वेद 10.85.42

तुम दोनों (वधू-वर/दम्पती) यहीं (इस दाम्पत्य-सूत्र में आबद्ध होकर) रहना, कभी एक-दूसरे से वियुक्त मत होना तथा पूर्ण आयु प्राप्त करना।

अपने सुन्दर गृह में रहते हुए पुत्र-पौत्रों/दौहित्रों के साथ हँसते-खेलते हुए सदा प्रमुदित रहना।

May you both (husband–wife) stay together forever

ihaiva staṁ mā vi yauṣṭaṁ viśvamāyurvyaśnutam ।
krīlantau putrairnaptr̥bhirmodamānau sve gr̥he ।।
– *R̥V* 10.85.42

May you both (husband and wife) abide here together; may you never be separated; may you live together all your lives playing/enjoying with your children and grandchildren; and thus rejoice in your own home.

6

शिक्षा
Education

शिक्षा

वैदिक शिक्षा-पद्धति शिष्य द्वारा साक्षात् गुरु मुख से श्रवण किए गए वचनों पर आधृत है – इसीलिए वेद "श्रुति" कहे जाते हैं। तदनुसार वैदिक शिक्षा-प्रणाली में ब्रह्मचारी के रूप में "अन्तेवासी (समीप में रहने वाला)" सतत "आचार्य (अपने आचार से शिक्षा देने वाला)" के सान्निध्य में रहकर गुरुकुलवास की अवधि में केवल पुस्तकीय ज्ञान प्राप्त नहीं करता था, अपितु समग्र जीवन-शैली सीखता था।

इस प्रणाली में गुरु–शिष्य के मध्य संवाद, प्रश्नोत्तर, शास्त्र-चर्चा एवं आचारपरक दृष्टि – ये सब सम्मिलित हैं। *अथर्ववेद* का ब्रह्मचर्य सूक्त आचार्य और शिष्य दोनों को ब्रह्मचर्य का अभ्यासी बताता है –

आचार्यो ब्रह्मचर्येण ब्रह्मचारिणमिच्छते। – 11.5.17

इसका आशय यही है आचार्य जिन मूल्यों का आधान अपने शिष्य में करना चाहता है, उसे स्वयं भी उनका पालन करना होता है।

आचार्य न केवल अपने अन्तेवासी के चरित्र की शुद्धि के प्रति विशेष प्रयत्नशील रहता है, अपितु उसे एक श्रेष्ठ मानव बनाने के लिए उपदेश देता है तथा ज्ञान-प्राप्ति के लिए प्रेरित भी करता है । गुरु द्वारा प्राप्त शिक्षा के आधार पर ब्रह्मचारी तेजस्वी, सङ्कल्पवान् एवं सुदक्ष बनने के लिए समुद्यत होता है, परिश्रमी तथा कर्मठ बनने के लिए यथोचित पुरुषार्थ करता है एवं अपने शुभ कर्मों का विस्तार करता है।

संक्षेप में वेद मानव मात्र को यही सन्देश देते हैं कि "मनुष्य"(मननशील) बनो तथा दिव्य सन्तति को जन्म देकर इस मनुष्यता का, दिव्यता का प्रसार करो –

मनुर्भव जनया दैव्यं जनम् । – ऋ० 10.53.6

Education

Vedic view of education is based on the direct, immediate transmission of knowledge by the preceptor to his disciple via oral medium; it is therefore that Vedas are also known as *śruti* (hearing). The disciple was expected to stay in close contact with the preceptor and learn more from his conduct than through lectures or books.

Therefore, the Vedic method of education includes dialogues, questions and answers, mutual interactions and living together for practice of values and ideals. The *brahmacarya* hymn of *Atharvaveda* envisions that both the preceptor and the disciple have to practise *brahmacarya* (being engaged in the pursuit of knowledge) because the teacher has to follow the ideals himself before he preaches them to his disciple:

ācāryo brahmacaryeṇā brahmacāriṇamicchati ।
– *AV* 11.5.17

The Vedic *ācārya* is not only careful and committed for maintaining piety in the character of his disciple but also inspires him to be a noble human being and acquire knowledge. It is only through teaching imparted by the preceptor that the disciple gets ready to become a brilliant and skilful person and extends his good deeds by hard work.

Vedas teach humanity to be considerate and bear divine progeny for future:

manurbhava janayā daivyaṁ janaṁ । – *ṚV* 10.53.6

VI.1

हमारी बुद्धियाँ सन्मार्ग की ओर प्रेरित हों

ओ३म् भूर्भुवः स्वः[1]
तत्सवितुर्वरेण्यं भर्गो देवस्य धीमहि।
धियो यो नः प्रचोदयात्॥
– *यजुर्वेद* 36.03

परमात्मा प्राणदायक, दुःख विनाशक एवं सुखस्वरूप है।

जगत् को उत्पन्न करने वाले देव (सविता) के उस श्रेष्ठ तेज का हम सब ध्यान करते हैं जो हमारी बुद्धियों को उत्तम मार्ग के लिए प्रेरित करता है।

May our intellects be guided for right path

aum bhūrbhuvaḥ svaḥ
tatsaviturvareṇyaṁ bhargo devasya dhīmahi ।
dhiyo yo naḥ pracodayāt ।।
– *ṚV* 3.62.10, *YV* 3.35, *SV* 2.1462

Supreme Lord is the source of vital strength, slayer of suffering and bestower of bliss.

May we imbibe in ourselves the choicest effulgence of the Divine Creator, so that he evokes our intellects to the right path.

---

1 वैदिक परम्परा में 'ओउम्' परमात्मा का सर्वोत्तम नाम कहा गया है तथा '*भूर्भुवः स्वः*' ये तीनों महाव्याहृतियाँ कही जाती हैं। उल्लेख्य है कि *ऋग्वेद* (3.62.10), *यजुर्वेद* (3.35) तथा *सामवेद* (2.1462) में भी यह मन्त्र पाया जाता है किन्तु वहाँ मन्त्र के पूर्व इनका निर्देश नहीं है। केवल *यजुर्वेद* (36.03) में ही इनका उल्लेख है।

VI.2

ऊपर उठो, नीचे मत गिरो

उद्यानं ते पुरुष नावयानम्। – *अथर्ववेद* 8.1.6

हे मनुष्य! तेरी गति ऊपर की ओर ही हो, नीचे की ओर नहीं!

Ascend, do not fall down

udyānaṁ te puruṣa nāvayānam । – *AV* 8.1.6

O Human Being/Self! let there be ascent for you, not descent.

VI.3

प्रकाश की ओर ऊपर उठो

आ रोह तमसो ज्योतिः । – *अथर्ववेद* 8.1.8

(हे मनुष्य!) तू अन्धकार से ऊपर उठकर प्रकाश की ओर अग्रसर हो!

Rise above towards the light

ā roha tamaso jyotiḥ । – *AV* 8.1.8

(O Human Being!) May you ascend higher, to the realm of light/ enlightenment, out of the darkness down/below.

VI.4

मननशील मानव बनो

तन्तुं तन्वन् रजसो भानुमन्विहि ज्योतिष्मतः पथो रक्ष धिया कृतान्।
अनुल्बणं वयत जोगुवामपो **मनुर्भव** जनया दैव्यं जनम्॥
– ऋग्वेद 10.53.6

हे मानव! तू दिव्य ज्ञान के ताने को तानता हुआ, सूर्य का अनुगमन कर। बुद्धिपूर्वक निर्मित ज्योतिर्मय पथों की रक्षा कर।

उपदेष्टाओं के साधक कर्मों को निर्दुष्ट भाव से कर, मननशील बन और दिव्य मानवता को प्रसूत कर।

May you be considerate

tantuṁ tanvan rajaso bhānumanvihi
jyotiṣmataḥ patho rakṣa dhiyā kṛtān ।
anulbaṇaṁ vayata joguvāmapo
***manurbhava** janayā daivyaṁ janam* ।। – ṚV 10.53.6

O Human Being! may you, spinning the thread of divine knowledge, follow the splendid light of the illuminator and protect the pathways properly, which have been constructed by sacred acts and divine wisdom;

May you render the pious works of the invokers free from defect; may you first strive to become human, and then give rise to the even more enlightened one.

VI.5

तीनों लोकों में शान्ति रखो

द्यां मा लेखीरन्तरिक्षं मा हिंसीः पृथिव्या सम्भव ॥ – यजुर्वेद 5.42

द्युलोक के पदार्थों का नाश मत करो, अन्तरिक्ष के तत्त्वों का ध्वंस न करो, पृथिवी के साथ मित्रता से रहो।

Maintain harmony among all the three regions

dyāṁ mā lekhīrantarikṣaṁ mā hinisīḥ pṛthivyā sambhava ।।
– *YV* 5.42

Cleave not the sky, injure not the mid-space; be in harmony with the earth.

VI.6

ज्ञान आन्तरिक कवच है

योो नः स्वो अरणो यश्च निष्ट्यो जिघांसति।
देवास्तं सर्वे धूर्वन्तु ब्रह्म वर्म ममान्तरम्॥ – ऋग्वेद 6.75.19

जो हमारा अपना हो, अथवा अपरिचित हो – जो हमें मारने की इच्छा रखता हो – उसे सब दिव्य शक्तियाँ नष्ट करें। हम सबके भीतर ज्ञान-रूपी कवच है।

Knowledge is the inner guard

yo naḥ svo araṇo yaśca niṣṭyo jighāṁsati ।
devāstaṁ sarve dhūrvantu brahma varma mamāntaram ।।
– *R̥V* 6.75.19

Whosoever, whether an unfriendly relative or a stranger, desires to kill us; may all the divinities destroy him; knowledge is the best inner armour.

VI.7

अपने शुभ वैभव का विस्तार करो

शतहस्त समाहर सहस्रहस्त सङ्किर।
कृतस्य कार्यस्य चेह स्फातिं समावह॥ – *अथर्ववेद* 3.24.5

हे मनुष्य, तू सौ हाथों वाला होकर (धन) एकत्रित कर; फिर हजार हाथों वाला बनकर उसे बाँट दे। इस प्रकार अपने द्वारा पहले किए गए (कृतस्य) और आगे किए जाने वाले (कार्यस्य) कर्मों की प्रगति कर।

Earn well, distribute more

śatahasta samāhara sahasrahasta saṁkira ।
kṛtasya kāryasya ceha sphātiṁ samāvaha ।। – *AV* 3.24.5

O Human Being! earn/collect money as if with one hundred hands, distribute it as if with one thousand hands.

May you bring about growth of what is accomplished and what is yet to be accomplished here.

VI.8

अमृतत्व की शिक्षा दो

कुविन्म ऋषिं पपिवांसं सुतस्य, कुविन्मे वस्वो अमृतस्य शिक्षा: ।
– ऋग्वेद 3.43.5

हे आचार्य! मुझे ऋषि (द्रष्टा/मनुष्यमात्र का हितकारी)[2] बना दो।

हे ज्ञानी गुरुदेव! मुझे अमरत्व की साधिका दैवी सम्पदाएं प्रदान करो।

Guide us towards immortality

kuvinma ṛṣiṁ papivāṁsaṁ sutasya,
kuvinme vasvo amṛtasya śikṣāḥ । – *ṚV* 3.43.5

O Learned One! make me a seer who works for the welfare of all human beings, the lover of spiritual bliss (knowledge) and grant me the wealth (leading to enlightenment) that lasts for ever.

---

[2] ऋषिः स यो मनुर्हितः । – ऋग्वेद, 10.26.05

VI.9

दिव्य शक्तियाँ प्रयत्नशील का साथ देती हैं

इच्छन्ति देवाः सुन्वन्तं न स्वप्नाय स्पृहयन्ति।
यन्ति प्रमादमतन्द्राः॥ – ऋग्वेद 8.2.18

दिव्य शक्तियाँ कर्मशील/प्रबुद्ध व्यक्ति को ही चाहती हैं, न कि अकर्मण्य/सोने वाले को।

स्वयं कभी आलस्य न करने वाले देवजन आनन्द को प्राप्त होते हैं (आलसी व्यक्ति को छोड़ देते हैं)।

The divine forces help those who help themselves

icchanti devāḥ sunvantaṁ na svapnāya spr̥hayanti ।
yanti pramādamatandrāḥ ।। – *R̥V* 8.2.18

Nature's bounties favour those who are active in work and do not indulge in sleep.

Those divine powers are not drowsy themselves hence they enjoy the ecstacy of joy (they forsake the one who is lazy).

VI.10

हमें सङ्कल्पवान् एवं सुदक्ष बनाओ

इमां धियं शिक्षमाणस्य देव क्रतुं दक्षं वरुण सं शिशाधि।
ययाति विश्वा दुरिता तरेम सुतर्माणमधि नावं रुहेम॥
– ऋग्वेद 8.42.3

हे वरण करने योग्य ज्ञानी गुरो! अपने शिक्षार्थियों की धारणावती बुद्धि (धी) में कर्तृत्व (क्रतु) और दक्षता (कर्म-कुशलता) को सम्यक् रीति से तीक्ष्ण बनाओ जिससे कि हम सब बुराइयों से पार हो जाएं तथा सुगमतापूर्वक पार ले जाने वाली (सदाचाररूपी) नौका पर आरूढ़ हों।

Make us sharp and skilled

imāṁ dhiyaṁ śikṣamāṇasya deva
kratuṁ dakṣaṁ varuṇaṁ saṁ śiśādhi ।
yayāti viśvā duritā tarema
sutarmāṇam adhi nāvaṁ ruhema ।। – *Ṛ̥V* 8.42.3

O Venerable Lord! may you inspire the learner and sharpen his intellect to perform benevolent acts.

May we ascend the ship/vehicle that bears us safely to get across all the troubless/difficulties.

VI.11

हमें तेजस्वी बनाओ

अग्निं न मा मथितं सं दिदीपः प्र चक्षय कृणुहि वस्यसो नः।
– ऋग्वेद 8.48.6

हे आनन्ददायक प्रभो! प्रदीप्त अग्नि के समान मुझे देदीप्यमान करो। हम सबको तेजस्वी बनाओ और हमें श्रेष्ठ बनाओ।

Grant us enlightenment

agniṁ na mā mathitaṁ saṁ didīpaḥ
pra cakṣaya kr̥ṇuhi vasyaso naḥ । – *R̥V* 8.48.6

O Divine Lord! kindle me like the fire ignited by friction; give us a clearer insight and enrich us with enlightenment.

VI.12

हम दिव्य प्रकाश को प्राप्त करें

इन्द्र क्रतुं न आ भर पिता पुत्रेभ्यो यथा।
शिक्षा णो अस्मिन् पुरुहूत यामनि जीवा ज्योतिरशीमहि॥
– *सामवेद* 2.1456, पूर्वा० 1.259

हे प्रभो! हमें वैसा कर्तृत्व (क्रतु) प्राप्त कराओ, जैसा पिता पुत्रों के लिए कराता है।

हे बहुत पुकारे जाने वाले (पुरुहूत)! इस मार्ग पर हमें शिक्षा प्रदान कर/हमारा मार्गदर्शन करो जिससे कि हम सब मानव प्रकाश को प्राप्त करें।

May we attain divine light

indra kratuṁ na ā bhara pitā putrebhyo yathā ।
śikṣā ṇo asmin puruhūta yāmani jīvā jyotiraśīmahi ।।
– *SV* 2.1456, 1.259

O Resplendent Lord! give us wisdom as a father gives to his sons.

O Much Invoked Lord! bestow wealth upon us on this occasion so that we may live long to see the divine light.

VI.13

हमें ऐश्वर्य प्राप्त हो

शिक्षा स्तोतृभ्यो माति धग्भगो नो बृहद्वदेम विदथे सुवीराः।
– ऋग्वेद 2.16.9

हे ऐश्वर्यशाली प्रभो! तू हम स्तोताओं के लिए ऐसी शिक्षा दे जो हमारा त्याग न करे। तेरी कृपा से हमें ऐश्वर्य प्राप्त हो, हम अच्छे शौर्य वाले स्तोताजन सभा में तेरी बड़ी स्तुतियाँ बोलें/गाएं।

May we attain prosperity

śikṣā stotṛbhyo māti dhagbhago no bṛhadvadema vidathe suvīrāḥ। – *ṚV* 2.16.9

O Resplendant Lord! bestow vitality upon your disciples/ worshippers so that your grace may not keep us out of reward.

May we sing your glory loudly at this sacred assembly and be blessed with worthy descendants.

VI.14

वैदिक शिक्षा पद्धति

पुनरेहि वाचस्पते देवेन मनसा सह।
वसोष्पते निरमय मय्येवास्तु मयि श्रुतम्॥ – अथर्व 1.1.2

हे वाणी के स्वामी (प्रवक्ता) अपने दिव्य मन के साथ पुनः पधारिये।

हे वसु (विविध विधाओं में व्याप्त समृद्धि) के अधिष्ठाता विद्वद्वरेण्य! निरन्तर हमें (ज्ञान-सरोवर में) रमण कराइये (रोचक रीति से शिक्षा दीजिये)। आपके द्वारा कहा गया और मेरे द्वारा सुना हुआ (उपदेश) मुझमें ही रह जाये (मुझे हृदयङ्गम हो जाये)।

Vedic Way of Education

Punarehi Vācaspate devena manasā saha ।
Vasoṣpate niramaya mayyevāstu mayi śrutam ।। – *AV* 1.1.2

O Lord of Speech (Effective Speaker/Successful Teacher)! Please come again with your divine (enlightened) mind.

O Lord of Affluence (in various branches of learning)/Learned Preceptor! continue guiding us to enjoy the knowledge imparted by you.

May all the education, received by me directly from you, stay absorbed within me.

VI.15

छह दुष्टप्रवत्तियों को नष्ट कर दो

उलूकयातुं शुशुलूकयातुं जहि श्वयातुमुत कोकयातुम्।
सुपर्णयातुमुत गृध्रयातुं दृषदेव प्रमृण रक्ष इन्द्र ॥ – ऋ॰ 7.104.22

हे ऐश्वर्यशाली जीव! तु मनुष्य बन और अपने अन्तःकरण से निम्न छह आसुरी वृत्तियों को नष्ट कर दे –

(i) उलूक जैसी अन्धकारप्रिय प्रवृत्ति, (ii) भेड़िये जैसी क्रोधी प्रवृत्ति (iii) श्वान (कुत्ते) जैसी जातिद्रोह और चाटुकारिता-प्रवृत्ति, (iv) कोक (बत्तख) जैसी काम-वृत्ति, (v) सुपर्ण (बाज) जैसी मद-वृत्ति, तथा (vi) गृध्र (गीध) जैसी लोभ-वृत्ति

इन छहों त्याज्य वृत्तियों को उसी भाँति नष्ट कर दो जैसे किसी वस्तु को पत्थर से पीसकर चूर-चूर किया जाता है।

Crush the six evil tendencies

ulūkayātuṁ śuśulūkayātuṁ jahi śvayātumuta kokayātum ।
sūparṇayātutumuta gr̥dhrayātuṁ dr̥ṣadeva pramr̥ṇa rakṣa indra ।।
–*R̥V*7.104.22

O Lord of resplendence! May you make us noble human beings by destroying/crushing the six fendish traits from our nature:

i. Being engrossed in darkness like an owl

ii. Being engrossed in anger like a wolf

ii. Envying one's own class and flattering others like a dog

iv. Craving for sexual indulgence like a duck

v. Being overpowered with ego like a falcon

vi. Being overpowered with greed like a vulture

You should crush all these six evil traits with a firm resolve just as a stone breaks everything with its pressure/impact.

VI.16

'ऋत' के अनुगामी बनो

माहिर्भूर्मा पृदाकुर्नमस्त आतानानर्वा प्रेहि।
घृतस्य कुल्या उप ऋतस्य पथ्याऽनु ॥ – यजुर्वेद 6.12

(हे मानव!) तू सर्प के समान विषैला मत हो तथा हिंसक प्राणियों के समान अनिष्टकारी मत बन। तेरे लिए नमन विहित है। तू निरभिमान रूप से आ और स्नेह की धाराओं को स्वीकार कर तथा सत्य-ज्ञान के मार्ग का अनुसरण कर।

Follow the righteous path

māhirbhūrmā pṛdākurnamasta ātānānarvā prehi ।
ghṛtasya kulyā upa ṛtasya pathyā 'nu ।। – *YV* 6.12

(O Human Being!) Do not become poisonous like a snake; do not become pernicious like a wolf. Rather, act in a benevolent manner and perform righteous deeds, move onwards without hindrance, accepting streams of purified butter and following the path of righteousness.

VI.17

तुम्हारा सर्वाङ्ग पवित्र हो

वाचं ते शुन्धामि प्राणं ते शुन्धामि चक्षुस्ते शुन्धामि श्रोत्रं ते शुन्धामि।
नाभिं ते शुन्धामि मेढ्रं ते शुन्धामि पायुं ते शुन्धामि चरित्रांस्ते
शुन्धामि। – यजुर्वेद 6.14

मैं (आचार्य) तेरी (अपने अन्तेवासी की) वाणी को शुद्ध करता हूँ, तेरे प्राण को शुद्ध करता हूँ, तेरी दृष्टि को शुद्ध करता हूँ, तेरे श्रोत्र को शुद्ध करता हूँ, तेरी नाभि को पवित्र करता हूँ, तेरे प्रजननाङ्ग को शुद्ध करता हूँ, तेरे गुदेन्द्रिय को शुद्ध करता हूँ और तेरे चरित्र अर्थात् समस्त व्यवहारों को पवित्र बनाता हूँ।

May your limbs be pure/clean

vācaṁ te śundhāmi prāṇaṁ te śundhāmi
cakṣuste śundhāmi śrotraṁ te śundhāmi ।
nābhiṁ te śundhāmi meḍhraṁ te śundhāmi
pāyuṁ te śundhāmi caritrāṁste śundhāmi ।। – *YV* 6.14

I (the preceptor), cleanse your (of my disciple) speech.
I cleanse your breath.
I purify your vision.
I cleanse your hearing.
I cleanse your navel.
I cleanse your genitals.
I cleanse your anus.
I cleanse your character.

VI.18

गुरु-शिष्य पिता-पुत्र की भाँति

पुत्रायेव पितरा मह्यं शिक्षतम्। – ऋ॰ 10.39.6

हे दिव्य युगल! मुझे उसी भाँति शिक्षा दो जैसे माता-पिता पुत्र (सन्तान) को देते हैं।

Teacher and taught like parents and progeny

Putrāyeva pitarā mahyaṁ śikṣatam – R̥V 10.39.6

O divine twins[3]! Guide me just as parents guide their offsprings.

---

[3] Addressed to the dual deities "Aśvinau".

7

स्त्री-शक्ति
Feminine Power

स्त्री-शक्ति

वैदिक चिन्तन-परम्परा में स्त्री–पुरुष को न केवल परस्पर पूरक अपितु अर्धांश[1] माना गया है। वेदमन्त्रों की द्रष्ट्री ऋषिकाओं के रूप में, स्तूयमान देवियों के रूप में तथा राष्ट्र, समाज एवं परिवार की महत्त्वपूर्ण सदस्या के रूप में स्त्री-शक्ति का गरिमामय चित्रण वैदिक वाङ्मय का विरल वैशिष्ट्य है।

वैदिक चित्रण में नारी को पवित्र, स्तुत्य, विदुषी, वीराङ्गना, वीरप्रसवा एवं सुमङ्गली आदि श्लाघ्य विशेषणों से विभूषित किया गया है। चारों वेदों में कहीं भी स्त्री के लिए निन्दा- सूचक वचन उपलब्ध नहीं होता, यहाँ तक कि "भार्या" (भरण करने योग्य, भारस्वरूप) पद भी प्राप्त नहीं होता।

सर्जिका शक्ति के रूप में स्त्री को ब्रह्मा की पदवी प्रदान की गई है –

स्त्री हि ब्रह्मा बभूविथ। – ऋ० 8.33.19

तेजस्विनी नारी राष्ट्र की ध्वजा है, समाज की यशोमयी पताका है –

अहं केतुरहं मूर्धा अहमुग्रा विवाचनी। – ऋ० 10.159.2

शुभ एवं शुद्ध वैदिक नारी माँ के रूप में पूजनीय है तो पत्नी के रूप में धर्म की संरक्षिका; विश्व के किसी अन्य साहित्य में पत्नी के लिए "धर्मपत्नी" जैसा गरिमामय सम्बोधन नहीं मिलता, न ही स्त्री-शक्ति का ऐसा पावन चित्रण, जैसा कि वेदों में उपलब्ध है –

पत्नी त्वमसि धर्मणाऽहं गृहपतिस्तव। – *अथर्व*० 14.1.51

शुद्धा पूता योषितो यज्ञिया इमाः। – *अथर्व*० 11.1.17

---

1 दम्पती = दम् (घर) + पती (पति-पत्नी दोनों स्वामी)

Feminine Power

Vedic view envisages the male and female not only as complimentary but as two equal halves. The Vedic term *dampatī* (in dual number) denotes that both the husband and wife are joint owners of the house. Vedic literature distinguishes itself from all other literatures of the world in that it depicts dignified pictures of women as follows:

- As seers of Vedic hymns
- As deities invoked through Vedic verses
- As important members of family, society and state

Women are described in the Vedas as pious, adorable, learned, brave fighters, bearing strong heroes and auspicious; numerous beautiful epithets have been employed to signify women but not a single derogatory term is used for women; even the word *bhāryā* (one who needs to be provided) is not available in the Vedas.

Woman has been eulogized as creator:

strī hi brahma babhūvitha । – *R̥V* 8.33.19

She is said to be the flag bearer of society:

ahaṁ keturahaṁ mūrdhā ahamugrā vivācanī ।
– *R̥V* 10.159.2

Noble and auspicious woman is invoked as a revered mother and as a righteous wife – the term *dharmapatnī* (*AV* 14.1.51) for a wife is not found in any other culture, nor is a female narrated in such glorifying terms as follow:

śuddhā pūtā yoṣita yajñīyā imāḥ । – *AV* 6.122.5

VII.1

हमें प्रशस्त करो

अम्बितमे नदीतमे देवितमे सरस्वति।
अप्रशस्ता इव स्मसि प्रशस्तिमम्ब नस्कृधि॥ – ऋग्वेद 2.41.16

हे माताओं में श्रेष्ठ (अम्बितमे), सर्वश्रेष्ठ ज्ञान प्रदान करने वाली (नदीतमे), तथा अत्यन्त तेजस्विनी (देवितमे), माता सरस्वती (विदुषी माँ)! हम सब अप्रशस्त (जो प्रशंसित नहीं) से हो गए हैं, तू हमें प्रशस्त बना (यश से युक्त कर)।

Lead us towards noble path

ambitame nadītame devitame sarasvati ।
apraśastā iva smasi praśastimamba naskr̥dhi ।। – *R̥V* 2.41.16

O Best of Mothers! O Best of Rivers! O Best of Godly Powers! O Divine Speech! we have become, as if, unworthy of repute, please favour us with renown, O Mother!

VII.2

स्त्री सबके लिए कल्याणकारिणी है

शिवा भव पुरुषेभ्यो गोभ्यो अश्वेभ्यः शिवा।
शिवास्मै सर्वस्मै क्षेत्राय शिवा न इहैधि॥ – *अथर्ववेद* 3.28.3

हे देवि! तुम हमारे परिवार के सब पुरुषों के लिए मङ्गलकारिणी होना, गौओं और अश्वों के लिए मङ्गलकारिणी होना, हमारे सम्पूर्ण क्षेत्र के लिए मङ्गलकारिणी होना, हम सभी के लिए मङ्गलकारिणी होना।

A lady is auspicious for everyone

śivā bhava puruṣebhyo gobhyo aśvebhyaḥ śivā ।
śivāsmai sarvasmai kṣetrāya śivā na ihaidhi ।। – *AV* 3.28.3

O Self-Restrained Lady![2] may you be benign to people and benign to kine as well as to horses. May you be favourable to all in this field. May you prosper here being helpful to us.

---

2 'यमिनी' – देवता

VII.3

हम दैवी कृपा के पात्र बनें

शिवा नः शन्तमा भव सुमृडीका सरस्वति।
मा ते युयोम सन्दृशः ॥ – *अथर्ववेद* 7.71.2

हे प्रेमरसमयी माँ, तुम हमारे लिए मङ्गलकारिणी बनो, तुम हमारे लिए शान्ति बरसाने वाली बनो, तुम हमारे लिए उत्कृष्ट सुख देने वाली बनो। हम तुम्हारी कृपा-दृष्टि से कभी वञ्चित न हों।

May we attain grace of divine female

śivā naḥ śantamā bhava sumṛḍīkā sarasvati ।
mā te yuyoma saṁdṛśaḥ ।। – *AV* 7.71.2

O Affectionate Mother! may you be an auspicious bestower of happiness and gracious to us. May we never be out of your pleasing sight.

VII.4

नारियाँ धर्मशीला एवं साहसी हों

यामं येष्ठाः शुभा शोभिष्ठाः श्रिया संमिश्ला ओजोभिरुग्राः ।
– ऋग्वेद 7.56.6

नारियाँ[3] सुपथगामिनी, शोभा से सुशोभित, लक्ष्मी से संयुक्त एवं ओज से साहसी हों !

Women be bright and brave

yāmaṁ yeṣṭhāḥ śubhā śobhiṣṭhāḥ śriyā sāṁmiślā ojobhirugrāḥ ।
– *R̥V* 7.56.6

May women be dynamic and actively moving on their way, bright in their splendour, invested with beauty and brave with their strength.

3 वेदालोक, द्वितीय रश्मि, पृ॰ 174

VII.5

देवियाँ दुरितों को दूर करें

वि श्रयन्तां ऋतावृधः प्र यै देवेभ्यो महीः ।
पावकासः पुरुस्पृहो, द्वारो देवीरसश्चतः ॥ – ऋग्वेद 1.142.6

स्वयं अच्छे नियमों (ऋत) का पालन करने वाली, महिमामयी, सबको पवित्र करने वाली, सबके लिए कमनीय, दुर्गणों को दूर करने वाली एवं (दुर्व्यसनों में) अनासक्त – ऐसी दिव्य गुणसम्पन्न नारियाँ[4] (समाज में) उत्तम देवों के लिए प्रतिष्ठित हों!

May the deified women drive away evils

vi srayantāṁ ṛtāvaṛdhaḥ pra yai devebhyo mahīḥ ।
pāvakāsaḥ puruspṛho dvārodevīrasaścataḥ ।। – *ṚV* 1.142.6

Let the women who are set on righteous path, bright in splendour, broad in outlook, glorious in grace, purifiers of and dear to all – lead us and drive our evils away!

4 देवपत्नियाँ – *वेदालोक*, द्वितीय रश्मि, पृ॰ 176

VII.6

स्त्रियाँ पूजनीय हैं

शुद्धा पूता योषितो यज्ञिया इमाः । – *अथर्ववेद* 6.122.5

ये सभी स्त्रियाँ शुद्ध, पवित्र और पूजनीय हैं।

Women are adorable

śuddhā pūta yoṣito yajñiyā imāḥ । – *AV* 6.122.5

All these women are pure, pious and religious.

VII.7

स्त्री अधिक स्तुत्य है

उत त्वा स्त्री शशीयसी पुंसो भवती वस्यसी ।
अदेवत्रादराधसः ॥ – ऋग्वेद 5.61.6

देव (दिव्य शक्ति सम्पन्न प्रभु) को न मानने वाले तथा धनहीन या धन होने पर भी दान न देने वाले लोभी कृपण पुरुष की अपेक्षा दानशीला स्त्री अधिक प्रशंसनीय होती है।

A woman is more adorable

uta tvā strī śaśīyasī puṁso bhavatī vasyasī ।
adevatrādarādhasaḥ ॥ – *ṚV* 5.61.6

Accomplisher of praiseworthy deeds, a woman is much better than a man, who does no reverence to the divine and does not offer wealth in charity.

VII.8

स्त्री ब्रह्मा (जननी) है

स्त्री हि ब्रह्मा बभूविथ। – ऋग्वेद 8.33.19

स्त्री ही वस्तुतः ब्रह्मा (बृंहणशील सर्जिका शक्ति) है।

Woman is the Creator

strī hi brahmā babhuvitha । – *R̥V* 8.33.19

The woman has become a creator!

VII.9

हे देवि! तुम सभा में वक्तव्य देती रहो

वशिनी त्वं विदथमावदासि। – ऋग्वेद 10.85.26

हे नारि! तू सबको वश में रखने वाली (गृहस्वामिनी) बनो तथा कुल या जनसमूह के बीच तेरा वक्तव्य मान्य हो।

O woman! you speak in the assembly

vaśinī tvaṁ vidathamāvadāsi । – *R̥V* 10.85.26

O Adorable Lady! May you be able to command respect from your fellow beings in the community/group when you speak.

VII.10

मैं वीराङ्गना हूँ

अवीरामिव मामयं शरारुरभि मन्यते।
उताहमस्मि वीरिणीन्द्रपत्नी मरुत्सखा विश्वस्मादिन्द्र उत्तरः॥
– ऋग्वेद 10.86.9

यह घातक मुझे अवीरा समझ रहा है, मैं तो वीराङ्गना हूँ; आँधी की तरह शत्रु पर टूट पड़ने वाले वीर वायु/मरुत् मेरे सखा हैं। मेरा पति इन्द्र (यानि आत्मा) विश्वभर में (वीरता के लिए) प्रसिद्ध है।

I am the brave woman

avīrāmiva māmayaṁ śarārurabhi manyate ।
utāhamasmi vīriṇīndrapatnī marutsakhā viśvasmādindra uttaraḥ ।। – *Ṛ̥V* 10.86.9

This savage despises me as one who is not brave/courageous while I am quite valiant, wife/consort of Indra (the self), the friend of vital breath. Self is supreme over all.

VII.11

प्राचीन काल में नारी सङ्ग्राम में जाती थी

संहोत्रं स्म पुरा नारी समनं वाव गच्छति।
वेधा ऋतस्य वीरिणीन्द्रपत्नी महीयते विश्वस्मादिन्द्र उत्तरः ॥
– ऋग्वेद 10.86.10

नारी पहले निश्चय ही सम्मेलन एवं सङ्घर्ष के स्थल (सङ्ग्राम) में जाती थी (जाने से नहीं हिचकती थी)।

वह मर्यादा की विधात्री, वीर पुत्रों वाली वीराङ्गना, वीर की पत्नी होकर महिमान्वित होती है। उसका वीर पति विश्वभर में प्रसिद्धि पाता है।

Women used to participate in the battle

saṁhotraṁ sma purā nārī samanaṁ vāva gacchati ।
vedhā ṛtasya vīriṇīndrapatnī mahīyate viśvasmādindra uttaraḥ ।। – *ṚV* 10.86.10

The woman, who is quite valiant and the institutress of ceremonial customs, wife of Indra (consort of the self) – in earlier times, she used to go to the congregational worship and to battle; and was glorified by the praisers. The victorious self is supreme over all.

VII.12

स्त्री राष्ट्र की ध्वजा है

अहं केतुरहं मूर्धा अहमुग्रा विवाचनी।
ममेदनु क्रतुं पतिः सेहानायाः उपाचरेत्॥ – ऋग्वेद 10.159.2

मैं राष्ट्र की ध्वजा हूँ, मैं समाज का मस्तक हूँ। मैं उग्र हूँ, विशेष वाक्-शक्ति से युक्त हूँ। शत्रु सेनाओं को पराजित करने वाली मैं अपने पति की सहमति की अधिकारिणी हूँ।

Woman is the flagholder of nation

ahaṁ keturahaṁ mūrdhā ahamugrā vivācanī ।
mamedanu kratuṁ patiḥ sehānāyāḥ upācaret ।।
– *R̥V* 10.159.2

I am the emblem (of my nation), I am the forehead (of my society), I am supreme and an effective orator; my husband must conform to my will; I have won all the rivals now.

VII.13

नारी हिंसा की पात्र नहीं

इडे रन्ते हव्ये काम्ये चन्द्रे ज्योतेऽदिते सरस्वति महि विश्रुति।
एता तेऽघ्न्ये नामानि देवेभ्यो मा सुकृतं ब्रूतात्॥ – *यजुर्वेद* 8.43

हे देवि! तुम "इडा" हो, स्तुति-योग्य हो; तुम "रन्ता" हो, रमणीय हो; तुम "हव्या" हो, आह्वान किए जाने योग्य हो; तुम "काम्या" हो, चाहने योग्य हो; तुम "चन्द्रा" हो, आह्लाददायिनी हो; तुम "ज्योता" हो, सुशीलता आदि गुणों से द्योतमान हो; तुम "अदिति" हो, शत्रुओं एवं विघ्न-बाधाओं से खण्डित न होने वाली हो; "सरस्वती" हो, विद्या-रस से परिपूर्ण हो; तुम "मही" हो, पूजा-योग्य हो; तुम "विश्रुति" हो, विविध शास्त्रों का अध्ययन करने वाली हो; तुम "अघ्न्या" हो, हिंसा या तिरस्कार की अपात्र हो। ये सब तुम्हारे नाम, तुम्हारे गुणों को सूचित करते हैं। तुम हमें/मुझे शुभ कर्त्तव्य बताती रहो जिससे हमारे अन्दर दिव्य गुण एवं दिव्य कर्म उदित हों।

Women should not be hurt

iḍe rante havye kāmye candre jyote 'dite sarasvati mahi viśruti ।
eta te 'ghnye nāmāni devebhyo mā sukṛtaṁ brūtāt ।। – *YV* 8.43

O Gracious Lady (wife)! you should never be hurt or humiliated, you are praiseworthy, delightful, adorable, worth desiring, pleasing, radiant, indivisible, full of knowledge, magnanimous and renowned – these are your names. Tell the righteous ones that I am also for righteous actions.

VII.14

स्त्री-पुरुष दोनों पूरक हैं

अमोऽहमस्मि सा त्वं सामाहमस्मि ऋक् त्वम् द्यौरहं पृथिवी त्वम्।
ताविह सम्भवाव प्रजामाजनयावहै॥

– *अथर्ववेद* 14.2.71

हे देवि! मैं "अम" (बल) हूँ, तुम "सा" (मधुरिमा) हो, इस प्रकार हम दोनों मिलकर "साम" (गीत) की सृष्टि करते हैं। मैं "साम" हूँ, तुम "ऋक्" (स्तुति) हो, (इस प्रकार हम दोनों गाए जाने वाले गीत की सृष्टि करते हैं)। मैं "द्यौ" (सूर्य) हूँ, तुम "पृथिवी" हो। (जैसे द्यौ और पृथिवी मिलकर विभिन्न वस्तुओं की उत्पत्ति करते हैं, वैसे ही) हम दोनों मिलकर रहें तथा सन्तान उत्पन्न करें।

Male and female are complementary

amo 'hamasmi sā tvaṁ sāmāhamasmi ṛk tvam ।
dyauraham pṛthivī tvam ।
tāviha saṁbhavāva prajāmā-janayāvahai ।। – *AV* 14.2.71

Here am I as *ama*, and you are here too (she) as *sā*; both of us create it. *Sāmā* (song) when conjoined, I am the song (*sāma*), you are the verse (*ṛk*). I am the heaven and you are the earth, let both of us unite. Let us procreate children.

VII.15

यह वधू सुमङ्गली है

सुमङ्गलीरियं वधूरिमां समेत पश्यत।
सौभाग्यमस्यै दत्त्वा याथास्तं विपरेतन॥ – ऋग्वेद 10.85.33

यह नव-वधू कल्याणी है, इसे आप सब मिलकर देखें।

इस नवविवाहिता को सौभाग्य का आशीर्वाद देकर आप सब अपने-अपने घरों को प्रस्थान करें।

This bride is blessed

sumaṅgalīriyaṁ vadhūrimāṁ sameta paśyata ।
saubhāgyamasyai dattvā yāthāstaṁ viparetana ।।
– *Ṛ̥V* 10.85.33

Blessed is this bride; come all of you; meet and behold her. Bestow upon her your blessings/felicitations, and then return to your homes.

VII.16

तुम मेरी धर्मपत्नी हो

भगस्ते हस्तमग्रभीत् सविता हस्तमग्रभीत्।
पत्नी त्वमसि धर्मणाऽहं गृहपतिस्तव ॥ – *अथर्ववेद* 14.1.5

हे देवी, ऐश्वर्यवान् बनकर मैंने तुम्हारा हाथ पकड़ा है, धर्ममार्ग में प्रेरक बनकर मैंने तुम्हारा पाणिग्रहण किया है। तुम धर्म से मेरी पत्नी (धर्मपत्नी) हो, मैं तुम्हारा गृहपति हूँ।

You are my consort by virtue of *dharma*

bhagaste hastamagrabhīt savitā hastamagrabhīt ।
patnī tvamasi dharmaṇā 'haṁ gr̥hapatistava ।। – *AV* 14.1.5

O Lady! I have taken hold of your hand as the lord of good fortune and have held your hand as the procreator. You are my wife by virtue of *dharma*; I am your householder (husband).

VIII.1

प्रभु-कृपा ही उत्तम शरण है

तस्य वयं सुमतौ यज्ञियस्यापि भद्रे सौमनसे स्याम।
स सुत्रामा स्ववाँ इन्द्रो अस्मे आराच्चिद् द्वेषः सनुतर्ययोतु॥
– ऋग्वेद 6.47.13; अथर्ववेद 20.125.7

हम सब उस पवित्र प्रभु की सुमति में स्थिर रहें और उसकी उत्तम कृपा प्राप्त करें।

वह सहायक और रक्षक देव हमसे द्वेष करने वाले जनों को हमसे दूर करे।

Divine grace is the greatest shelter

tasya vayaṁ sumatau yajñiyasyāpi
bhadre saumanase syāma । – *R̥V* 6.47.13

sa sutrāmā svavāṁ indro asme ārāccid dveṣaḥ sanutaryayotu ।।

– *AV* 20.125.7

May we continue to enjoy the grace of Him and dwell in His auspicious benevolence.

May that helpful and preserver Lord drive from us, even from afar, all those who hate us.

VIII.2

प्रभु की योजना सर्वत्र सक्रिय है

रूपं रूपं प्रतिरूपो बभूव तदस्य रूपं प्रतिचक्षणाय।
इन्द्रो मायाभिः पुरुरूप ईयते युक्ता ह्यस्य हरयः शता दश॥
– ऋग्वेद 6.47.18

वह ऐश्वर्यशाली प्रभु अपनी सृष्टि के प्रत्येक रूप में प्रकट हुआ है – उसका यही रूप हमारे लिए दर्शनीय है। अपनी दिव्य शक्तियों के द्वारा वह विविध रूपों में गति करता है तथा उसकी हज़ारों प्रेरणाएं विश्व में व्याप्त हैं।

Divine design operates everywhere

rūpaṁ rūpaṁ pratirūpo babhūva
tadasya rūpaṁ praticakṣaṇāya ।
indro māyābhiḥ pururūpa īyate
yuktā hyasya harayaḥ śatā daśa ।। – *Ṛ̥V* 6.47.18

In every figure of his creation, the resplendent Lord has been the model. This is the only form for us to look on. He moves in multiforms by his designs since His motivations, yoked to the universe, are thousands in number.

VIII.3

प्रभो! तेरी कृपा की कामना है

त्वं हि नः पिता वसो त्वं माता शतक्रतो बभूविथ।
अधा ते सुम्नमीमहे॥ – *ऋग्वेद* 8.98.11, *अथर्ववेद* 20.108.2

हे सबको बसाने वाले तथा सैकड़ों शुभ कर्म करने वाले प्रभो! तू ही हमारा पिता (पालक) और माता (माननीय) है – हम तुझसे सुख माँगते हैं।

We invoke thy grace O Lord!

tvaṁ hi naḥ pitā vaso tvaṁ mātā śatakrato babhūvitha ।
adhā te sumnamīmahe ।। – *R̥V* 8.98.11, *AV* 20.108.2

O Provider of Dwellings! You have been our father and our mother; O Performer of Hundreds of Sacred Deeds! We pray for that happiness which is yours.

VIII.4

हम दिव्य सुमति के भागी बनें

भूयाम ते सुमतौ वाजिनो वयं मा न स्तरभिमातये।
अस्मां चित्राभिरवतादभिष्टिभिरा नः सुम्नेषु यामय॥
– *सामवेद* 2.1422

हे प्रभो! हम सब तुम्हारी कृपा से सुमति के मार्ग पर चलें – समृद्ध एवं सशक्त रहें तथा शत्रुओं द्वारा आहत न हों।

तुम्हारी विविध सहायता से हम सदा सुरक्षित रहें।

May we all be under divine grace

bhūyāma te sumatau vājino vayaṁ
mā na starabhimātaye ।
asmāṁ citrābhiravatādabhiṣṭibhirā
naḥ sumneṣu yāmaya ।। – *SV* 2.1422

O Lord! May we become opulent and strong because of your grace. Please do not let us be injured by the attack of adversaries.

May we feel safe and secure with your manifold wondrous assistance.

VIII.5

हम दिव्य शक्तियों की शरण में रहें

नकिर्देवा मिनीमसि नकिरा योपयामसि मन्त्रश्रुत्यं चरामसि।
पक्षेभिरपकक्षेभिरत्राभि सं रभामहे॥ – ऋग्वेद 10.134.7

हे दिव्य शक्तियों, हम तुम्हारे प्रति कोई भी त्रुटि नहीं करें, न ही किसी कर्म में शिथिलता करें। हम श्रुति (ऋषियों/पूर्वजों/गुरुजनों के उपदेश) के अनुसार आचरण करें तथा सदा सब प्रकार से तुम्हारी शरण में रहें।

May we stay under divine patronage

nakirdevā minīmasi nakirā yopayāmasi
mantraśrutyaṁ carāmasi ।
pakṣebhirapakakṣebhiratrābhi saṁ rabhāmahe ।। – *Ṛ̥V* 10.134.7

O Divine Powers! may we never offend you; may we never inflict annoyance on you; may we follow the teaching of traditional texts (Vedic *mantras*).

Closely we clasp and cling to you under your loving shelter.

VIII.6

सर्वात्मभाव से देखने वाला शोकग्रस्त नहीं होता

यस्मिन्त्सर्वाणि भूतान्यात्मैवाभूद्विजानतः।
तत्र को मोहः कः शोकऽएकत्वमनु पश्यतः॥ – यजुर्वेद 40.7

जिस ज्ञानी व्यक्ति के लिए समस्त पदार्थ और प्राणी आत्मरूप ही हो गए (अर्थात् जिसे सारा विश्व आत्मस्वरूप ही भासने लगा सर्वत्र एक आत्मतत्त्व को ही समझने वाले उस ज्ञानी मनुष्य को कौन सा मोह भ्रम में डालेगा और कौन सा शोक दुःख उत्पन्न करने में समर्थ होगा – (वे शोक और मोह तो उसे छू भी नहीं सकते।)

He does not despair who sees oneself in all

yasmintsarvāṇi bhūtānyātmaivābhūdvijānataḥ ।
tatra ko mohaḥ kaḥ śoka 'ekatvamanu paśyataḥ ।। – *YV* 40.7

For the one to whom after realization, all creatures have become universal self itself, what infatuation or what sorrow can there be, as he sees oneness in all.

VIII.7

दिव्य शक्तियाँ हमें सुपथ पर चलाएं

अनु वीरैरनु पुष्यास्म गोभिरन्वश्वैरनु सर्वेण पुष्टैः ।
अनु द्विपदानु चतुष्पदा वयं देवा नो यज्ञमृतुथा नयन्तु ॥
– यजुर्वेद 26.19

दिव्य शक्तियाँ हमारे शुभ कर्मों को यथासमय चलाएं और हमें निर्देशित करें कि हम वीर सन्तति, पुष्ट गायों, हृष्ट अश्वों एवं अन्य सभी द्विपाद एवं चतुष्पाद प्राणियों के साथ स्वस्थ रहें।

May the divine powers lead us on noble path

anu vīrairanu puṣyāsma gobhiranvaśvairanu
sarveṇa puṣṭaiḥ ।
anu dvipadānu catuṣpadā vayaṁ devā
no yajñamṛtuthā nayantu ।। – *YV* 26.19

May we prosper with brave progeny, healthy cows, horses and all the bipeds and quadrupeds.

May the bounties of Nature guide our noble acts in due time!

VIII.8

वैदिक संस्कृति विश्ववारा है

अच्छिन्नस्य ते देव सोम सुवीर्यस्य रायस्पोषस्य ददितारः स्याम।
सा प्रथमा **संस्कृति**र्विश्ववारा स प्रथमो वरुणो मित्रो अग्निः॥
– यजुर्वेद 7.14

हे दिव्य-गुणयुक्त सोम, हम सब श्रेष्ठ वीरतायुक्त तेरे लिए अक्षय ऐश्वर्य की समृद्धि देने वाले हों।

वह (समर्पण करने की) संस्कृति सबके द्वारा वरणीय पहली संस्कृति है। वह (देव) प्रथम शासक, मित्र और अग्रणी है।

Vedic culture is universal

acchinnasya te deva soma suvīryasya
rāyaspoṣasya daditāraḥ syāma ।
sā prathamā saṁskṛtirviśvavārā
sa prathamo varuṇo mitro agniḥ ।। – *YV* 7.14

O Blissful God! may we become the bestowers of your powerful and never-exhausting wealth and nourishment.

That is the first culture, to be adopted by all; He (the Blissful Lord) is the first, venerable, friendly and adorable.

VIII.9

हम अमृतत्व को प्राप्त करें

विवस्वान्नो अमृतत्वे दधातु परैतु मृत्युरमृतं न ऐतु।
इमान्रक्षतु पुरुषाना जरिम्णो मोष्वेषामसवो यमं गुः॥
– *अथर्ववेद* 18.3.62

सूर्य हममें अमृतत्व धारण कराए जिससे कि मृत्यु हमसे दूर हो जाए और हमें अमरता प्राप्त हो।

वह दिव्य प्रकाशस्वरूप सूर्य इन सब मनुष्यों की वृद्धावस्थापर्यन्त रक्षा करे ताकि इनके प्राण यम को न जाएं।

May we all attain immortality

vivasvānno amṛtatve dadhātu
paraitu mṛtyuramṛtaṁ na etu ।
imānrakṣatu puruṣānā jarimṇo
moṣveṣāmasavo yamaṁ guḥ ।। – *AV* 18.3.62

Let the Brilliant Sun set us in immortality; let what is immortal come to us; let (Him) defend these humans until old age; let not their life-breaths go to Yama (Lord of Death).

VIII.10

हम मृत्यु से मुक्त हों

त्र्यम्बकं यजामहे सुगन्धिं पुष्टिवर्धनम्।
उर्वारुकमिव बन्धनान्मृत्योर्मुक्षीय माऽमृतात्॥
– ऋग्वेद 7.59.12, यजुर्वेद 3.60

सुगन्धियुक्त यशस्वी पुष्टिवर्धक और तीन (कालों के द्रष्टा) नेत्रों/दृष्टियों से युक्त देव का हम स्तवन करते हैं ताकि हम मृत्यु के बन्धन से (पके हुए) ककड़ी के फल के समान (अनायास ही) मुक्त हों किन्तु अमरत्व से कभी वियुक्त न हों।

May we be free from mortality

tryambakaṁ yajāmahe sugandhiṁ puṣṭivardhanam ।
urvārukamiva bandhanānmṛtyormukṣīya mā 'mṛtāt ।।
– *ṚV* 7.59.12, *YV* 3.60

We worship the Lord with a triple vision (of three periods in time), with fragrant fame and the augmenter of nourishment so that we may be easily liberated from death like a (ripe) cucumber from its stalk, but not bereft of immortality.

VIII.11

सब सुखदायक हों

उप नः सूनवो गिरः शृण्वन्त्वमृतस्य ये।
सुमृडीका भवन्तु नः ॥ – *सामवेद* 2.1595

सभी अमृत की सन्तानें हमारे शब्दों को सुनें और हमारे लिए सदा सुखदायक हों।

May all be propitious to us

upa naḥ sūnavo giraḥ śṛṇvantvamṛtasya ye ।
sumṛḍīkā bhavantu naḥ ।। – *SV* 2.1595

May all the sons (and daughters) of the immortal hear our words and be the source of happines to us!

VIII.12

मनुष्यों के हितकारी रहो

अग्ने सुखतमे रथे देवाँ ईडित आ वह।
असि होता मनुर्हितः ॥ – *सामवेद* 2.1350

हे अग्रणी देव! इस अत्यन्त सुखदायक शरीररूपी रथ में संयुक्त इन्द्रिय देवों को सक्रिय बनाओ। तुम मनुष्यों के हितकारी रक्षक हो।

Protect all the human beings

agne sukhatame rathe devām̐ īḍita ā vaha ।
asi hotā manurhitaḥ ।। – *SV* 2.1350

O Adorable Lord! enlighten hither our sense organs accompanying the wonderfully convenient body-chariot; you are the guardian of the interests of people.

VIII.13

हम सुमार्गगामी बनें

प्रति पन्थामपद्महि स्वस्ति गामनेहसम् ।
येन विश्वाः परि द्विषो वृणक्ति विन्दते वसु ॥ – यजुर्वेद 4.29

हम सब ऐसे पथ को प्राप्त हों जो कल्याण के साथ जाने योग्य है, जहाँ विनाश का भय नहीं है, जिससे सब शत्रु दूर होते हैं और धन प्राप्त होता है।

May we tread the noble path

prati panthāmapadmahi svasti gāmanehasam ।
yena viśvāḥ pari dviṣo vṛṇakti vindate vasu ।। – *YV* 4.29

May we follow the path that leads to real bliss and where there is no crime; treading on which, one is far from all animosity and can achieve the wealth supreme.

VIII.14

मनुष्य और पशु बलशाली हों

प्राचीमनु प्रदिशं प्रेहि विद्वानग्नेरग्ने पुरोऽअग्निर्भवेह।
विश्वाऽआशा दीद्यानो विभाह्यूर्जं नो धेहि द्विपदे चतुष्पदे॥
– यजुर्वेद 17.66

हे प्रकाशक ज्योति! विद्वान् होकर तुम पूर्व दिशा में गमन करो, सबसे आगे चलकर अग्रणी बनो, समस्त दिशाओं को सुदीप्त करते हुए यहीं प्रकाशित रहो तथा हमारे द्विपाद जीवों और चतुष्पाद पशुओं में बल का आधान करो।

May the humans and cattle be strong

prācīmanu pradiśaṁ prehi vidvānagneragne
puro 'agnirbhaveha ।
viśvā 'āśā dīdyāno vibhāhyūrjaṁ
no dhehi dvipade catuṣpade ।। – *YV* 17.66

O Fire, knowing your true form, may you proceed to the eastern region (in the form of Sun). May you remain lighting here before us in the form of terrestrial fire.

Illuminating all the regions, shine bright; bestow strength on our bipeds and quadrupeds.

VIII.15

सर्वत्र कीटाणुओं का नाश हो

ये क्रिमयः पर्वतेषु वनेष्वोषधीषु पशुष्वप्स्वन्तः ।
ये अस्माकं तन्वमाविविशुः सर्वं तद्धन्मि जनिम क्रिमीणाम् ॥
– *अथर्ववेद* 2.31.5

जो कीटाणु पर्वतों पर, वनों में, औषधियों में, पशुओं में और जलों के भीतर होते हैं; और जो हमारे (मनुष्यों के) शरीर में प्रवेश कर चुके हैं, उन सब कीटाणुओं का सम्पूर्ण उद्गम मैं नष्ट करता हूँ।

May all the harmful germs be destroyed

ye krimayaḥ parvateṣu vaneṣvoṣadhīṣu paśuṣvapsvantaḥ ।
ye asmākaṁ tanvamāviviśuḥ sarvaṁ taddhanmi janima krimīṇām ।।
– *AV* 2.31.5

The worms which are found in the hilly regions, in the forests, inside the animals and in waters;

I hereby destroy the entire breed of harmful germs that have entered our bodies.

VIII.16

सबको पोषक आहार मिले

अन्नपतेऽन्नस्य नो देह्यनमीवस्य शुष्मिणः ।
प्रप्र दातारं तारिष ऊर्जं नो धेहि द्विपदे चतुष्पदे ॥ – *यजुर्वेद* 11.83

हे अन्न के स्वामी प्रभो ! तुम हमें आरोग्य बढ़ाने वाले, बलकारी अन्न का आहार प्रदान करो । दानशील व्यक्ति को सुरक्षित रखो और हमारे द्विपाद मनुष्यों एवं पक्षियों तथा चतुष्पाद (गौ आदि) पशुओं के लिए बल एवं स्फूर्ति धारण कराओ ।

May all get nourishing food

annapate 'nnasya no dehyanamīvasya śuṣmiṇaḥ ।
prapra dātāraṁ tāriṣa ūrjaṁ no dhehi dvipade catuṣpade ।।
– *YV* 11.83

O Lord of Food! give us nourishing diet that brings us no disease. Lead the donor forward and onward. Bestow vigour on us all – the bipeds as well as the quadrupeds.

VIII.17

हम सब सुमति में रहें

अनुमतिः सर्वमिदं बभूव यत्तिष्ठति चरति यदु च विश्वमेजति।
तस्यास्ते देवि सुमतौ स्यामानुमते अनु हि मंससे नः ॥
– *अथर्ववेद* 7.21.6

इस संसार में जो कुछ है, जो कुछ स्थिर है तथा जो चलता है और जो सबको चलाता है, वह सब अनुमति ही है।

हे देवि! हम सब तेरी उस सुमति (अनुकूल बुद्धि) में रहें; हे अनुमति! तुम हमें अनुमति देती रहो।

May we all be in accord

anumatiḥ sarvamidaṁ babhūva
yattiṣṭhati carati yadu ca viśvamejati ।
tasyāste devi sumatau syāmānumate
anu hi maṁsase naḥ ।। – *AV* 7.21.6

The assent (of the Lord) has ever been all this whatever stands still, or moves and also whatever makes all others move as such. O Divine Assent, may we always be in your good grace, may you always accord approval to us.

VIII.18

हम सब रोगरहित हों

अश्मन्वती रीयते सं रभध्वं वीरयध्वं प्र तरता सखायः ।
अत्रा जहीत ये असन्दुरेवा अनमीवानुत्तरेमाभिवाजान् ॥
– *अथर्ववेद* 12.2.26

पत्थरों वाली नदी वेग से बह रही है, सँभालो, वीरता धारण करो और हे मित्रों ! तैर जाओ ।

जो दुःखदायी हों, उनको यहाँ ही फेंक दो, इसे पार करके हम लोग रोगरहित हो जाएं !

May we all be free of disease

aśmanvatī rīyate saṁ rabhadhvaṁ vīrayadhvaṁ pra taratā sakhāyaḥ ।
atrā jahīta ye asandurevā anamīvānuttaremābhivājān ।।
– *AV* 12.2.26

O Friends! The stony stream (of life) flows; swim across ye held together; be brave and pass over,

Quit them all that are of evil courses; May we pass up unto powers that are free from diseases.

VIII.19

हम सब निरोग हों

इन्द्रवायू सुसन्दृशा सुहवेह हवामहे।
यथा नः सर्व इज्जनोऽनमीवः सङ्गमे सुमनाऽसत्॥ – यजुर्वेद 33.86

यहाँ, इस पवित्र स्थल में, भली प्रकार देखने वाले तथा उत्तम रीति से बुलाने योग्य इन्द्र-वायु (सूर्य एवं वायु) को हम बुलाते हैं जिससे कि हमारे सब आत्मीय जन निरोग तथा सम्मेलन में उदार (अच्छे मन वाले) हों।

May we all be free from diseases

indravāyū susandr̥śā suhaveha havāmahe ।
yathā naḥ sarva ijjano 'namīvaḥ saṅgame sumanā 'sat ।।
– *YV* 33.86

We invoke the Lord, resplendent and energetic, beautiful to behold and easy to call, so that all of our people be free from diseases and of concord in the assembly.

VIII.20

दुष्टों/विषाणुओं को दूर भगाओ

अध्यवोचदधिवक्ता प्रथमो दैव्यो भिषक्।
अहींश्च सर्वाञ्जम्भयन्त्सर्वाश्च यातुधान्योऽधराचीः परा सुव॥
– यजुर्वेद 16.5

मुख्य वक्ता एवं सर्वश्रेष्ठ दिव्य चिकित्सक प्रभु ने हमें आदेश दिया है। सब सर्पादि विषैली वृत्ति के दुष्टों को नष्ट करो एवं नीच राक्षसी वृत्ति के लोकों को हमसे दूर करो।

Drive away all the rogues and harmful germs

adhyavocadadhivaktā prathamo daivyo bhiṣak ।
ahīṁśca sarvāñjambhayantsarvāśca yātudhānyo 'dharācīḥ para suva ।। – *YV* 16.5

As the first ordainer and the divine physician, God has ordained us: Destroying all the dangerous beings with venemous traits like serpents, may you drive away all the evil minded persons and penetrating germs.

VIII.21

हम सब सदा प्रसन्न रहें

विश्वदानीं सुमनसः स्याम पश्येम नु सूर्यमुच्चरन्तम्।
– ऋग्वेद 6.52.5

हम सब सदा ही उत्तम मन वाले हों और ऊपर की ओर गतिशील (चढ़ते हुए) सूर्य को देखा करें!

May we all be happy forever

viśvadānīṁ sumanasaḥ syāma paśyema nu sūryamuccarantam ।
– *R̥V* 6.52.5

May we, at all seasons, be possessed of happy/healthy minds; and may we keep beholding the sun, when it rises.

VIII.22

हमें पाप, रोग से बचाओ

अग्ने रक्षा णो अंहसः प्रति स्म देव रीषतः ।
तपिष्ठैरजरो दह ॥ – *सामवेद* 1.24

हे देदीप्यमान देव ! हमें पाप से बचाओ । हे प्रभो, रोग से हमारी रक्षा करो तथा अपने तपाने वाले तेज से हमारे दोषों का दहन कर दो ।

Protect us from sin and disease

agne rakṣā ṇo aṁhasaḥ prati sma deva rīṣataḥ ।
tapiṣṭhairajaro daha ।। – *SV* 1.24

Protect us, O Luminous Lord! from inequity. O Eternal One! exempt us from decay and consume our sins with your blazing flames.

VIII.23

रात्रि सबके लिए सुख देनेवाली हो

त्वयि रात्रि वसामसि स्वपिष्यामसि जागृहि।
गोभ्यो नः शर्म यच्छाश्वेभ्यः पुरुषेभ्यः ॥ – *अथर्ववेद* 19.47.9

हे रात्रि! हम सब तेरे अन्दर रहते हैं; हम (तेरे इस आश्रय से) सोएंगे (कि) तू जागती रहना।

हमारी गायों के लिए, घोड़ों (और अन्य पशुओं) के लिए और मनुष्यों के लिए सुख दे!

May all be happy during night

tvayi rātri vasāmasi svapiṣyāmasi jāgṛhi ।
gobhyo naḥ śarma yacchāśvebhyaḥ puruṣebhyaḥ ।।
– *AV* 19.47.9

O Night! we dwell within you; we shall sleep, may you keep awake and watchful.

Give shelter and happiness to our cows, horses and people.

VIII.24

हमारे शत्रुओं को दूर भगाओ

यत इन्द्र भयामहे ततो नोऽभयं कृधि।
मघवञ्छग्धि तव तन्न ऊतये वि द्विषो वि मृधो जहि॥
– *ऋग्वेद* 8.61.13, *सामवेद* 1.274, 2.1321

हे ऐश्वर्यशाली प्रभो! जहाँ से हमें भय हो, वहाँ से भयरहित बनाओ। हे ईश! स्थिर रहो और हमें सुरक्षित करो, हमारे उन शत्रुओं को दूर भगाओ जो हमसे द्वेष करते हैं।

Drive away our adversaries

yata indra bhayāmahe tato no 'bhayaṁ kṛdhi ।
maghavañchagdhi tava tanna ūtaye vi dviṣo vi mṛdho jahi ।।
– *ṚV* 8.61.13, *SV* 1.274, 2.1321

O Resplendent Lord! may you give us security from the one whom we are afraid of.

O Bounteous Lord! be firm to give us protection; drive our enemies away who try to harm us.

VIII.25

हम सब सदा नीरोग रहें

अपामीवामप स्रिधमप सेधत दुर्मतिम्।
आदित्यासो युयोतना नो अंहसः॥ – ऋग्वेद 8.18.10

हे सूर्य एवं अन्य दिव्य प्रकाशमान् शक्तियों! हमसे रोगों को दूर करो तथा हमारी दुर्मति को नष्ट करो। हमें पाप से बचाओ।

May we all be free from diseases

apāmīvāmapa sridhamapa sedhata durmatim ।
ādityāso yuyotanā no aṁhasaḥ ।। – *ṚV* 8.18.10

May the divine sun and earth offer offsprings of mother (infinity), remove disease from us and drive away malignity. May they ever keep us far from sore distress.

VIII.26

हम सब पूर्णतः स्वस्थ हों

सं वर्चसा पयसा सन्तनूभिरगन्महि मनसा संशिवेन।
त्वष्टा सुदत्रो विदधातु रायोऽनुमार्ष्टु तन्वो यद्विलिष्टम्॥
– यजुर्वेद 2.24, 8.14

हम सब तेजस्विता और सबलता से युक्त शरीर तथा उत्तम मन से युक्त हों। उदार दाता प्रभु हमें ऐश्वर्य प्रदान करे तथा हमारे शरीर में जो न्यूनता है, उसे दूर करे।

May we all be healthy

saṁ varcasā payasā santanūbhiraganmahi
manasā saṁśivena ।
tvaṣṭā sudatro vidadhātu rāyo 'numārṣṭu
tanvo yadviliṣṭam ।। – *YV* 2.24, 8.14

May we be blessed with intellectual lustre, bodily vigour and a noble mind. May the liberally giving Lord provide us with prosperity and remove the defects of our bodies.

VIII.27

हमें पाप से बचाओ

त्वं नः पाह्यंहसो दोषावस्तरघायतः ।
दिवा नक्तमदाभ्य ॥ – ऋग्वेद 7.15.15

हे प्रकाशमान देव! तुम दिन और रात प्रकाशित रहते हो, अत: दिन-रात हमें पाप से और दुष्ट पापी से बचाओ।

Protect us from impurities

tvaṁ naḥ pāhyaṁhaso doṣāvastaraghāyataḥ ।
divā naktamadābhya ।। – *ṚV* 7.15.15

O Infallible Lord! Dispeller of darkness day and night! Preserve us night and day from iniquity and from the malevolent.

VIII.28

हमें दुर्भावनाओं से बचाओ

त्वं नो अग्ने महोभिः पाहि विश्वस्या अरातेः ।
उत द्विषो मर्त्यस्य ॥ – *सामवेद* 1.6

हे प्रकाशस्वरूप प्रभो ! तुम अपने तेज से सब प्रकार की बुराइयों और दुष्ट जनों की दुर्भावनाओं से हमारी रक्षा करो ।

Save us from all malign thoughts

tvaṁ no agne mahobhiḥ pāhi viśvasyā arāteḥ ।
uta dviṣo martyasya ।। – *SV* 1.6

O Adorable Lord! may you protect us by your greatness against all malignity and hatred of mortal people.

VIII.29

जो शुभ है, वही हमें प्राप्त कराओ

भद्रं भद्रं न आ भरेषमूर्जं शतक्रतो।
यदिन्द्र मृडयासि नः ॥ – *सामवेद* 1.173

हे शतक्रतो! जो कुछ हमारे लिए शुभ है, वह सब हमें प्राप्त कराओ। हमें अन्न और बल प्रदान करो।

हे ऐश्वर्यशाली प्रभो! तुम सदा हम पर कृपा करते हो।

Bestow on us all that is benign

bhadraṁ bhadraṁ na ā bhareṣamūrjaṁ śatakrato ।
yadindra mṛḍayāsi naḥ ।। – *SV* 1.173

Bring to us what is most auspicious; O Performer of hundreds of noble deeds! bring to us food and strength.

O Resplendent Lord! you have been ever kind to us.

VIII.30

हम अपने पाप को निवृत्त करें

यद् ग्रामे यदरण्ये यत् सभायां यदिन्द्रिये।
यदेनश्चकृमा वयमिदं तदवयजामहे स्वाहा ॥ – यजुर्वेद 3.45

हमने जो पाप कर्म ग्राम में, अरण्य में या सभा में अथवा अपनी इन्द्रिय के कर्म से किया है, उस पाप को हम इस आहुति से दूर करते हैं (पाप का प्रायश्चित करते हैं)।

May we expiate from sins

yad grāme yadaraṇye yat sabhāyāṁ yadindriye ।
yadenaścakṛmā vayamidaṁ tadavayajāmahe svāhā ।।
– *YV* 3.45

Whatever sin we have committed either in the village or in the wild, whether in assembly or in privacy with our bodies – we expiate ourselves from that by this offering (to fire).

VIII.31

हम सब पापमुक्त हों

अनागसो अदितये देवस्य सवितुः सवे।
विश्वा वामानि धीमहि॥ – ऋग्वेद 5.82.6

हम सब जगत् के उत्पादक सविता देव के शासन में अखण्ड अदिति (भूमि) के लिए पापमुक्त होकर रहें तथा समस्त श्रेष्ठ धनों को धारण करें।

May we be free from sin

anāgaso aditaye devasya savituḥ save ।
viśvā vāmāni dhīmahi ।। – *R̥V* 5.82.6

Let us be free from sin towards that Mother of Infinity (earth) in the realm of the Divine Creator; may we obtain all lovely riches from Him.

VIII.32

बुराइयाँ हमसे दूर हों

वीहि स्वस्तिं सुक्षितिं दिवो नॄन्द्विषो अंहांसि।
दुरिता तरेम ता तरेम तवावसा तरेम॥ – ऋग्वेद 6.2.11

(हे शक्तिशाली देव!) हम सबके लिए पृथिवी से द्युलोक तक सुख-समृद्धि लाओ।

हम दुर्गुणों और द्वेषी जनों की दुर्भावनाओं से परे हों, उन पर विजय प्राप्त करें। तुम्हारी सहायता से हम समस्त पापों से दूर हों।

May we overcome our deficiencies

vīhi svastiṁ sukṣitiṁ divo nṝndviṣo aṁhāṁsi ।
duritā tarema tā tarema tavāvasā tarema ।। – *Ṛ̥V* 6.2.11

O Mighty Lord! may you call hither the favour of Nature's bounties, extending from the earth to heaven.

May we overcome the malign oppressions (of enemies), our iniquities and our difficulties. May we overcome the sins of the past; may we overcome all of them through your help.

VIII.33

हमारे दुर्गुण दूर हों

ओ३म् विश्वानि देव सवितर्दुरितानि परासुव।
यद्भद्रं तन्न आसुव॥
– ऋग्वेद 5.82.5, यजुर्वेद 30.3

हे सकल संसार के सृजन करने वाले ईश्वर, हमारी सब बुराइयों को दूर करो और जिसमें हमारी भलाई हो, वह हमें प्राप्त कराओ।

May all our evils be removed

aum viśvāni deva savitarduritāni parāsuva ।
yadbhadraṁ tanna āsuva ।।
– *R̥V* 5.82.5, *YV* 30.3

Remove from us, O Divine Creator! all the ills and evils and bestow upon us what is good and beneficial for us.

VIII.34

हमें अच्छे दिन प्रदान करो

इन्द्र श्रेष्ठानि द्रविणानि धेहि चित्तिं दक्षस्य सुभगत्वमस्मे।
पोषं रयीणामरिष्टिं तनूनां स्वाद्मानं वाचः सुदिनत्वमह्नाम्॥
– ऋग्वेद 2.21.6

हे ऐश्वर्यशाली देव! हम सबको श्रेष्ठ धन, बल की भावना (चेतना) और सौभाग्यशीलता प्रदान करो। साथ ही वैभव की वृद्धि, शरीरों की नीरोगता, वाणी की मधुरता और दिनों की उत्तमता प्रदान करो।

Grant us good days

indra śreṣṭhāni draviṇāni dhehi
cittiṁ dakṣasya subhagatvamasme ।
poṣaṁ rayīṇāmariṣṭiṁ tanūnāṁ
svādmānaṁ vācaḥ sudinatvamahnām ।। – *ṚV* 2.21.6

O Resplendent Lord! bless us with the best of treasures, the spirit of ability and good fortune. May we obtain from you an abundance of wealth, security of bodies, sweetness of speech and auspiciousness of days.

VIII.35

हम सब तेजस्वी हों

तत्सवितुर्वृणीमहे वयं देवस्य भोजनम्।
श्रेष्ठं सर्वधातमं तुरं भगस्य धीमहि॥ – ऋग्वेद 5.82.1

हम सब जगत् के उत्पादक सविता देव के श्रेष्ठ उपभोगयोग्य (भोजन) धन का वरण करते हैं।

हम सब ऐश्वर्यशाली देव के उस उत्तम तेज को धारण करें जो शत्रुओं का विनाशक और सबको सँभालने वाला है।

May we all be illustrious

tatsaviturvṛṇīmahe vayaṁ devasya bhojanam ।
śreṣṭhaṁ sarvadhātamaṁ turaṁ bhagasya dhīmahi ।।
– *ṚV* 5.82.1

We adore the great glory of the divine creator. May we receive from the gracious Lord that glory which is excellent, all-sustaining and victorious over adversities.

VIII.36

हम सब शतायु हों

पश्येम शरदः शतम्। जीवेम शरदः शतम्।
बुध्येम शरदः शतम्। रोहेम शरदः शतम्।
पूषेम शरदः शतम्। भवेम शरदः शतम्।
भूयेम शरदः शतम्। भूयसीः शरदः शतात्।
– *अथर्ववेद* 19.67.1-8

हम सौ वर्ष तक देखें। हम सौ वर्ष जीएं। हम सौ वर्ष तक ज्ञान लेते रहें। हम सौ वर्षपर्यन्त बढ़ते रहें। हम सौ वर्ष तक पुष्ट होकर रहें। हम सौ वर्ष तक अच्छी तरह रहें। हम सौ वर्ष तक अलङ्कृत होकर रहें। हम सौ वर्ष से भी अधिक जीएं।

May we all live long and be happy

paśyema śaradaḥ śatam । *jīvema śaradaḥ śatam* ।
budhyema śaradaḥ śatam । *rohema śaradaḥ śatam* ।
pūṣema śaradaḥ śatam । *bhavema śaradaḥ śatam* ।
bhūyema śaradaḥ śatam । *bhūyasīḥ śaradaḥ śatāt* ।
– *AV* 19.67.1-8

May we all see through a hundred autumns.
May we all live through a hundred autumns.
May we all recognize through a hundred autumns.
May we all ascend through a hundred autumns.
May we all thrive through a hundred autumns.
May we all arise through a hundred autumns.
May we all prosper through a hundred autumns.
And for more than a hundred autumns.

VIII.37

हम ऐश्वर्य से प्रमुदित हों

राया वयं सुमनसः स्याम। – *अथर्ववेद* 14.2.36

हम सब उत्तम धन के साथ प्रसन्न होवें।

May we enjoy the good wealth

rāyā vayaṁ sumanasaḥ syāma । – *AV* 14.2.36

May we rejoice with good riches.

VIII.38

हम उत्तम धन के स्वामी बनें

इन्द्रः सुत्रामा स्ववाँ अवोभिः सुमृडीको भवतु विश्ववेदाः।
बाधतां द्वेषो अभयं नः कृणोतु सुवीर्यस्य पतयः स्याम॥
– *अथर्ववेद* 20.125.6

उत्तम रक्षक, आत्मविश्वास से युक्त और सब ऐश्वर्यों से युक्त प्रभु सुखकारी हों।

हमारे परस्पर द्वेष को बाधित करें, हम सबके लिए अभय करें और हम उत्तम धन के स्वामी बनें।

May we attain positive wealth

indraḥ sutrāmā svavām̐ avobhiḥ
sumṛḍīko bhavatu viśvavedāḥ ।
bādhatāṁ dveṣo abhayaṁ naḥ kṛṇotu
suvīryasya patayaḥ syāma ।। – *AV* 20.125.6

May the protecting opulent Lord shower eternal happiness on us. May he, the all-wise, destroy evil forces that obstruct our way and thereby provide fearlessness and safety.

May we be the possessors of excellent prosperity.

VIII.39

हमें उत्तम वैभव सुलभ कराओ

भिन्धि विश्वा अप द्विषः परि बाधो जही मृधः ।
वसु स्पार्हं तदा भर ॥ – *सामवेद* 2.1070

हे देव! हमारे द्वेषी जनों को दूर करो, उनके दुर्भावना भरे कृत्यों को निरस्त करो। हमारे लिए उस वैभव को प्राप्त कराओ जिसकी हम कामना करते हैं।

Bestow the best of riches upon us

bhindhi viśvā apa dviṣaḥ pari bādho jahī mṛdhaḥ ।
vasu spārhaṁ tadā bhara ।। – *SV* 2.1070

May you cleave asunder all the hostile forces and frustrate their destructive attacks. Bring us that benign wealth which we long for.

VIII.40

हमें उत्तम धन प्राप्त कराओ

यस्य ते विश्वमानुषो भूरेर्दत्तस्य वेदति।
वसु स्पार्हं तदा भर॥ – *ऋग्वेद* 8.45.42, *अथर्ववेद* 20.43.3

हे प्रकाशस्वरूप प्रभो! तुम्हारे द्वारा दिए गए जिस धन को सभी मनुष्य उत्तम मानते हैं वही उत्तम धन हमें प्राप्त कराओ।

Grant us good wealth

yasya te viśvamānuṣo bhūrerdattasya vedati ।
vasu spārhaṁ tadā bhara ।। – *ṚV* 8.45.42, *AV* 20.43.3

O Resplendent Lord! what all humans of the world recognize as given abundantly by you, bring us that wealth which we aspire for.

VIII.41

सब ओर से ऐश्वर्य बरसे

रायः समुद्रांश्चतुरोऽस्मभ्यं सोम विश्वतः ।
आ पवस्व सहस्रिणः ॥ – ऋग्वेद 9.33.6

हे शीतल हर्षदायक देव, हम पर चारों ओर से वैभव के समुद्र बरसाओ तथा हमारी हज़ारों आङ्काक्षाएं पूरी करो।

Grant us riches from all sides

rāyaḥ samudrāṁścaturo 'smabhyaṁ soma viśvataḥ ।
ā pavasva sahasriṇaḥ ।। – *ṚV* 9.33.6

From every side, O Lord of Peace and Joy! pour upon us oceans of riches; from all the four quarters, fulfil our thousands of aspirations.

VIII.42

हम सब सम्पत्ति को बाँटकर भोगें

एना विश्वान्यर्य आ द्युम्नानि मानुषाणाम्।
सिषासन्तो वनामहे ॥ – *ऋग्वेद* 9.61.11, *सामवेद* 2.674

इस दिव्य औषधि (सोम) की सहायता से हम लोग समस्त मानवीय सम्पदा को अर्जित करें तथा उसे परस्पर मिल-बाँटकर सेवन करें।

May we enjoy our wealth by sharing

enā viśvānyarya ā dyumnāni mānuṣāṇām ।
siṣāsanto vanāmahe ।। – *R̥V* 9.61.11, *SV* 2.674

With the aid of this (divine elixir) alone, may we procure all the wealth that belongs to all humans and enjoy it by distributing it judiciously among ourselves.

VIII.43

अतिथियों का सत्कार पुण्य है

सर्वो वा एष जग्धपाप्मा यस्यान्नमश्नन्ति। – *अथर्ववेद* 9.6.25

जिसका अन्न अतिथि ग्रहण करते हैं, उसके सब पाप नष्ट हो जाते हैं।

Hospitality is a virtue

sarvo vā eṣa jagdhapāpmā yasyānnamaśnanti । – *AV* 9.6.25

Surely, he gets all his sins devoured, whose food the guests partake.

VIII.44

अतिथि-सत्कार न करने वाला पापी है

सर्वो वा एषोऽजग्धपाप्मा यस्यान्नं नाश्नन्ति। – अथर्ववेद 9.6.26

जिसका अन्न अतिथि ग्रहण नहीं करते, उसके सब पाप यथावत् बने रहते हैं (नष्ट नहीं होते)।

An inhostible person is a sinner

sarvo vā eṣo'jagdhapāpmā yasyānnaṁ nāśnanti ।
– *AV* 9.6.26

Surely, all his sins remain undevoured. Whose food the guests do not partake of.

मन्त्रानुक्रमणिका

Index of Verses